열등감을 도구로 쓰신 예수

KB194882

일러두기
* 이 책에 인용된 『성경』 구절은 개역개정판의 것을 인용하였습니다.
* 이 책에 실린 그림은 『구스타브 도레의 그림성경』의 것을 사용하였습니다.

열등감을
도구로 쓰신
예수

어떻게
열등감을 극복하고
하나님의 자녀로
살 것인가

최원호 지음

태인문화사

복음을 전파하는 사도들

열두 사도의 이름은 이러하니 베드로라 하는
시몬을 비롯하여 그의 형제 안드레와 세베대의 아들
야고보와 그의 형제 요한, 빌립과 바돌로매,
도마와 세리 마태, 알패오의 아들 야고보와 다대오,
가나나인 시몬 및 가룟 유다 곧 예수를 판 자라

마태복음 10:2-4

감사의 글

정신분석학자로서 개인심리학을 수립한 알프레드 아들러는 "인간은 '열등감'이 있어 성장할 수 있다"고 했다. 아들러와 견해를 같이하는 학자들 역시 '열등감'이나 '콤플렉스'를 전혀 부정적으로 보지 않았다. 인간은 자신의 부족함을 채우기 위해 부단히 노력하고 분발하는 존재이기 때문이다. 하나님께서는 우리를 그렇게 만드셨다. 하나님께서는 그러한 분이시다. 그분께서는 부족함을 채우기 위한 우리의 노력을 허투루 보지 않으신다. 우리가 낙심하지 말고 계속해서 노력하고 분발해야 하는 이유가 바로 여기에 있다. 하나님께 감사하자.

예수님의 열두 제자들도 열등감이 많았다

겉으로는 무척이나 행복한 듯 보이는 사람도, 막상 마음의 창을 열고 빠끔히 들여다보면 갖은 불행과 조잡한 시기 질투가 어지러이 널려있다. 내 속에 숨겨진 또 다른 나, '열등감'이 나를 사로잡고 있기 때문이다.

그런데 열등감은 우리의 선택에 따라 성공의 디딤돌일 수도 있고 실패의 걸림돌일 수도 있다. "진리가 너희를 자유케 하리라." 하는 말처럼, 열등감이 예수를 만나면 영적 성장의 원동력이 되고, 천국 문을 여는 교회 부흥의 열쇠가 된다. 우리들, 보통 사람들의 행복은 바로 내 안에 열등감이 덕지덕지 붙어있음을 깨닫고 인정하는 데서 시작된다.

내 열등감을 내가 인정하고 펼칠 때, 인생이 아름다워진다.

예수님의 열두 제자들은 어떤 사람이었을까?, 그들에게 열등감은 있었을까?, 그들은 처음부터 그렇게 훌륭한 사람들이었을까? 하는 질문에 질문을 잇는다. 하지만 막상 제자들의 프로필을 알고 보면 처음부터 그렇게 대단했거나 훌륭한 사람이 아니었다는 사실에 실망한다.

지금이야 그들 모두 위대한 인물로 추앙받고 있지만, 열두 명 모두 처음에는 아무것도 볼품없는 지극히 평범한 사람들이었다. 오히려 가난에 짓눌려 온갖 열등감이란 열등감은 다 가지고 있는 사람들이었다.

그때부터 '그럼 나는?'이라는 뜬금없는 자책에 빠져든다. 제자들의 '스펙'과 내 스펙을 비교하지 않을 수 없는 돌발상황에 직면한다. 급기야 제자들의 형편과 내 형편을 따져보니 별반 다를 것이 없었다. 오히려 그들보다 내가 더 잘났으면 잘났지 못 나지는 않았다. 그런데도 그들은 어떻게 예수님의 제자가 되었단 말인가? 그들은 나보다 그렇게 화려한 스펙이 아니었는데도 예수님에 게서 어떤 가르침이나 상담을 받았길래 이처럼 빛나는 훌륭한 제자로 거듭날 수 있었을까? 의문이 든다.

그 의문을 한마디로 답하면, 나보다 잘나지 못한 제 자들이 하나님 나라의 일꾼으로 쓰임을 받은 것은 바로 예수님을 만났기 때문이다. 더욱 특이한 점은 제자들을 뽑는 과정이었다. 사도라고 지칭되는 제자들은 예수님 의 소문을 듣고 뭔가를 얻으려고 예수님을 따르던 군중 이 아니라는 점이다. 그들은 모두 예수님께서 직접 선 택하시고 뽑은 자들이었다.

마가복음 3장 13절을 읽어 보면 예수님이 열두 제자를 세우시면서 자기가 원하는 자들을 세우셨다는 이야기가 나온다.

"또 산에 오르사 자기가 원하는 자들을 부르시니 나아온지라."

여기서 예수님이 제자들을 원하셨다는 것은, 일반적으로 제자로 삼을 때와는 정반대임을 알 수 있다. 유명한 스승일수록 제자들이 찾아가서 자기를 제자로 삼아주실 것을 간청하고 최종적으로 스승의 허락이 있을 때 가능하다. 그런데 열두 제자들은 자신들이 예수님을 선택한 것이 아니라, 예수님이 택하셨다는 것이다. '내가 너를 지명하여 불렀나니 너는 내 것이라.' 주님이 너, 너, 너라고 꼭 찍어주셨다는 은총이다. 그런 선택이 없었다면 열두 제자는 단지 평범한 삶을 살았을 것이다. 그러나 그들은 예수를 만나 변화되었고, 또한 세상을 변화시켰다. 저마다 각기 다른 색색의 크레파스처럼 저마다 다른 성격, 습관, 가치관, 직업을 가졌지만 예수님을 만난 다음 변화되어 새사람으로 거듭났다는 것이 모든 제자의 공통점이다.

열두 제자는 예수님을 통해 하나님의 위대한 사랑을 전하는 제자로서 삶을 살았다. 그들의 이야기는 지나간 역사가 아니라 바로 오늘, 우리가 살아야 할 모습을 말해주고 있다.

평창동 서재에서 **최 원 호**

차 례

감사의 글
초대하며
열등감 극복 십계명
열등감 방정식
프롤로그

01 **시몬 베드로**___027
   ● 자만심으로 위장한 열등감
   ● 배신의 상처를 딛고 일어선 제자

02 **안드레**___047
   ● 드러나지 않고 뒷전에서 일하는 열등감
   ● 가장 먼저 부름 받은 신실한 제자

03 **세베데의 아들 야고보**___067
   ● 형제간의 질투와 시기로 인한 열등감
   ● 사도 중 최초의 순교자

04 **요한**___085
   ● 천둥 같은 외골수 성격으로 인한 열등감
   ● 주님의 사랑을 많이 받은 제자

05 **빌립**___101
   ● 철저하게 계산적인 강박에서 오는 열등감
   ● 신중하고 결단력 있는 제자

06 바돌로매___117
- 지역적 편견으로 상대를 무시하는 열등감
- 순전한 마음을 지닌 제자

07 도마___139
- 눈으로 보지 않으면 믿지 않는 의심이 가득한 열등감
- 질문 잘하는 제자

08 마태___155
- 세리라는 직업에 대한 열등감
- 세관을 박차고 나온 제자

09 알패오의 아들 야고보___175
- 작은 키와 미미한 활동으로 인한 열등감
- 작으나 꼭 필요했던 제자

10 가룟이 아닌 유다 혹은 야고보의 아들 다대오___187
- 이름마저도 불리지 못한 투명인간의 열등감
- 이름도 빛도 없이 주님을 섬긴 제자

11 가나안 사람 시몬___199
- 극단적이고 열광적이지만 자신의 존재 가치를 느끼지 못하는 열등감
- 민족애의 열망을 주께 바친 제자

12 가룟 유다___213
- 돈에 대한 환상을 품었던 노예의 열등감
- 구원받지 못한 제자

열등감 극복 십계명

01 모든 사람이 다 열등하다고 생각하라

☺ 모든 사람은 저마다의 이유로 다 열등하다.

☺ 완벽한 사람은 없다.

☺ 완벽해 보이는 사람일수록 속으로는 열등감에 시달린다.

☺ 인생의 새로운 변화는 열등감을 인정하는 것에서 출발한다.

02 내 속에 숨겨진 열등감을 찾아라

☺ 내 속에 숨겨진 열등감을 찾아내라.

☺ 열등감은 남들에게는 물론 자기 자신에게도 감추고 싶은 것이다.

☺ 감춘 열등감은 폭탄이지만, 펼친 열등감은 보물이다.

03 나의 열등감을 구체적으로 시인하라

☺ 나도 당신처럼 열등하다는 것을 입 밖으로 내어 말하라.

☺ 감추면 갑갑하고 비굴해지지만 시인하면 시원하고 당당해진다.

04 열등감을 극복할 방법을 구하라

☺ 나의 열등감에 공감하는 누군가를 찾아라.
☺ 공감의 충고를 듣고 애정의 멘토를 정하라.
☺ 열등감에서 탈출할 준비를 시도하고 구체적인 해결 방법을 구하라. 구하면 반드시 얻을 것이다.

05 열등감을 사랑하라

☺ 나의 열등감을 내가 먼저 사랑하라.
☺ 나를 사랑한다는 것은 내 열등감까지도 사랑한다는 말이다.
☺ 내가 나를 사랑하지 않으면 반드시 다른 사람이 무시한다.

06 다른 사람과 비교하지 말라

☺ 비교하면 우월감에 빠지거나 열등감에 쫓게 된다.
☺ 우월감은 또 다른 열등감에 불과하다.
☺ 비교는 열등감의 모태다. 비교하지 말고 다름을 사랑하라.
☺ 나는 다른 사람과 다르기에 나다.

07) 자신을 초라하게 여기지 말라

☺ 내가 나를 초라하게 생각하는 순간 허언증의 유혹에 빠져든다.
☺ 내가 나를 창피하다고 여기는 순간 거짓말의 수렁에서 허덕인다.
☺ 잘났든 못 났든 나는 온 세상에 하나뿐인 나다. 내가 나인 것에
    자부심을 가져라.

08) 어떤 것도 보상받으려고 하지 말라

☺ 보상은 언제나 기대만큼, 다른 사람이 받는 것처럼 받지 못한다.
☺ 보상을 기대하는 한 영원히 서운함에 빠지지 않을 수 없다. 그
    서운함은 '나를 뭘로 아나.' 하는 분노와 함께 '다 내가 운이
    없고 못 나서다' 라는 열등감을 불러일으킨다.
☺ 내가 어리석을 때, 나는 열등감의 노예이지만, 내가 현명할 때,
    나는 열등감을 노예로 삼는다.

09) 감정을 감추지 말라

☺ 침묵이 금이라지만, 억지로 참고 말을 안 하는 사람은, 입만 열면 고함이다.

☺ 감정은 흐르는 물과 같아서 흐르지 않으면 썩는다.

☺ 열등감은 흐르지 않고 고여서 썩은 감정의 물이다.

☺ 꼭꼭 감출 때보다 솔직하게 드러낼 때, 나는 아름답다.

10) 잘난 척하지 말라

☺ 잘난 척은 비단으로 감싼 모자람이오, 가림막으로 가린 열등감이다.

☺ 잘난 척은 행복을 막고 불행을 부르는 못생긴 마녀의 낡은 요술 지팡이다.

☺ 나를 높이고자 할 때 낮아질 것이고 낮추고자 할 때 높아질 것이니 나, 항상 겸손하고 또 겸손하라.

열등감 방정식

내가 사람의 방언과 천사의 말을 할지라도 '열등감이 있으면' 소리 나는 구리와 울리는 꽹과리가 되고 내가 예언하는 능력이 있어 모든 비밀과 모든 지식을 알고 또 산을 옮길 만한 모든 믿음이 있을지라도 '열등감이 있으면' 내가 아무것도 아니요 내가 내게 있는 모든 것으로 구제하고 또 내 몸을 불사르게 내줄지라도 '열등감이 있으면' 내게 아무 유익이 없느니라

내가 사람의 방언과 천사의 말을 할지라도 사랑이 없으면 소리 나는 구리와 울리는 꽹과리가 되고 내가 예언하는 능력이 있어 모든 비밀과 모든 지식을 알고 또 산을 옮길 만한 모든 믿음이 있을지라도 사랑이 없으면 내가 아무 것도 아니요 내가 내게 있는 모든 것으로 구제하고 또 내 몸을 불사르게 내줄지라도 사랑이 없으면 내게 아무 유익이 없느니라.

* 「신약성경」의 「고린도전서」 13장 1절에서 3절까지의 내용 중 '사랑이 없으면'을 '열등감이 있으면'으로 바꾸었다.

열 등 감	
극복하기 전(Before)	**극복한 후(After)**
오래 참지 못하고	오래 참고
온유하지 못하며	온유하며
투기하는 자이며	투기하는 자가 되지 아니하며
자랑하는 자이며	자랑하지 아니하며
교만하며	교만하지 아니하며
무례히 행하며	무례히 행치 아니하며
자기의 유익을 구하며	자기의 유익을 구하지 아니하며
성내며	성내지 아니하며
악한 것을 생각하며	악한 것을 생각지 아니하며
불의를 기뻐하며	불의를 기뻐하지 아니하며
진리를 기뻐하지 않고	진리와 함께 기뻐하고
모든 것을 참지 못하며	모든 것을 참으며
모든 것을 믿지 않으며	모든 것을 믿으며
모든 것을 바라지 아니하며	모든 것을 바라며
모든 것을 견디지 못하느니라	모든 것을 견디느니라

고린도전서 13:4~7

인간은 누구나 열등감을 가지고 있다. 많은 재산을 가진 사람도, 공부를 많이 해서 박사학위를 가진 사람도 열등감이 있다.

아버지가 없이 성장한 사람은 부성 콤플렉스에 시달리고, 어머니가 없이 성장한 사람은 모성 콤플렉스에 시달린다. 작은 아파트에 사는 사람은 큰 아파트에 사는 사람을 보면서 열등감에 사로잡히고. 큰 아파트에 사는 사람은 더 큰 아파트에 사는 사람에게 열등감을 느낀다. 자녀가 없는 사람은 자녀가 있는 가정을 볼 때마다 열등감을 가진다. 공부를 못하는 자녀를 둔 부모는 공부 잘하는 아이를 둔 부모를 보면 열등감에 사로잡힌다. 이렇게 열등감은 인간이 사는 모든 영역에서 일어난다.

열등감은 완전해지려는 욕심으로부터 생긴다. 인간은

모든 면에서 좀 더 완벽해지려는 본능을 가지고 있기 때문이다. 아들러는 "사람에게는 위대해지려는 욕구(the great upward drive)가 있다"고 설명했다. 지금보다 더 높은 단계로 올라가려는 마음이 있다는 말이다.

건강하지 못한 사람은 건강함을 추구하며, 돈이 없는 사람은 재산을 모으려고 한다. 성적이 낮은 사람은 공부를 잘하려고 노력하며, 성적이 한 단계 한 단계 올라가는 모습을 보면서 더 열심히 노력하게 된다. 운동 실력이 부족한 사람은 운동을 잘하려고 노력하며, 말을 잘 못하면 스피치 학원이라도 다니면서 말을 연습한다. 이것이 아들러가 말한 '위대해지려는 욕구'이다. 잘못된 열등감은 인간을 파괴하지만, 열등감을 잘 사용하면

오히려 보다 나은 단계로 성장하는 데 필요한 추진력이
된다.

> 그러나 하나님께서 세상의 미련한 것들을 택하사 지혜
> 있는 자들을 부끄럽게 하려 하시고 세상의 약한 것들을
> 택하사 강한 것들을 부끄럽게 하려 하시며 하나님께서
> 세상의 천한 것들과 멸시 받는 것들과 없는 것들을 택하사
> 있는 것들을 폐하려 하시나니 이는 아무 육체도 하나님
> 앞에서 자랑하지 못하게 하려 하심이라
>
> 고린도전서 1:27-29

하나님께서는 세상의 약한 것들을 택하여 강한 것들을
부끄럽게 하시는 분이시다. 내가 하는 일을, 학업이나

사업을 당신의 도구로 사용하시고, 아무 가치도 없는 것들을 택하여 하나님의 아들인 예수 그리스도께로 부르시는 분이시다. 그 부르심을 받는 순간부터 나의 연약함이나 모든 무가치한 것들은 새롭게 가치 있는 것으로 거듭난다. 맹물이 변하여 가장 맛있는 포도주가 되듯이, 예수 그리스도가 내 삶에 오심으로 말미암아 내 삶은 하나님의 영광을 드러내게 된다. 언뜻 나 자신의 손으로 추진되는 것 같아도 결국 하나님의 손에 의하여 힘을 지닌다.

예수께서 부르신 제자들도 온통 열등감으로 가득했던 약한 자들이었다. 그들은 신체적으로나 경제적으로 열등감이 가득했고, 직업과 가정 등의 사회적인 것을 비롯한 모든 면에서 가난했다. 스펙도 없었다. 그러나 하나님은 많이 배우고 똑똑하고 화려한 스펙을 지닌 사람보다 주를 주인으로 모실 순종하는 자를 찾아 제자로 삼으셨다. 예수께서 "건강한 자에게는 의사가 쓸 데 없고 병든 자에게라야 쓸 데 있느니라"(마태복음 9:12)라고 말씀하신 것처럼 열등감으로 가득한 이를 선택하시고 불러 세우셨다.

그들 중에는 왜소하고 보잘 것 없는 열등한 존재도 있었고 반사회적인 태도를 보이거나, 병적인 권력욕과 우월감을 가진 자도 있었다. 이같이 예수의 제자들은 모두 열등한 존재들이었다. 오직 주님의 부름을 받아 예수의 제자가 되었으며, 예수와 동행함으로써 주님의 은혜로 열등감을 벗어던지고 복음전파에 힘쓰는 사도로서의 삶을 살았다. 결국 아들러가 통찰했듯이 열등감은

인간을 보다 성공적이고 행복한 삶을 살게 하는 성장동력
이라는 것을 그들이 증명해 보였다.

　중요한 것은, 예수 그리스도 안에서 하나님의 그 엄청
난 사랑이 우리들의 가장 심각한 문제의 하나인 열등감을
해결해주실 수 있음을 믿어야 한다는 것이다. 이 믿음
은 신자들이 하나님 앞에서 얼마나 존귀한 존재인지를
깨닫는 것에서 출발, 교회에서는 신자들이 죽어 마땅한
존재라고 하는 죄인 의식만 강조하는 설교나 부정적인
교육 형태를 벗어나야 실질적인 도움을 줄수 있다. 더
효과적인 것은 인간의 존재가 하나님의 형상과 모양대로
지은 바 된 창조적이고 긍정적 존재임을 일깨워 비록
열등감이 있다 할지라도 얼마나 귀중한 존재인지를

반복적으로 알려주는 것이다.

거듭 말하지만, 열등감에서 벗어나기 위해서는 우선
자기 자신이 존귀한 존재라는 걸 깨달아야 하며, 교회에서
는 이토록 존귀한 존재들이 그리스도 안에 들어오면 이제
는 하나님의 존귀한 아들들이요, 동시에 하나님의 움직일
수 없는 보배가 되었다는 사실을 일깨워주어야 한다.(고후
4:7) 그리고 열등감에서 벗어나도록 기도해야 한다.

하나님께서는 당신의 기도에 반드시 응답하시리라.

01

시몬 베드로

.
.
.

자만심으로 위장한 열등감

·

배신의 상처를 딛고 일어선 제자

베드로가 대답하여 이르되 모두 주를 버릴지라도 나는 결코 버리지 않겠나이다 예수께서 이르시되 내가 진실로 네게 이르노니 오늘 밤 닭 울기 전에 네가 세 번 나를 부인하리라 베드로가 이르되 내가 주와 함께 죽을지언정 주를 부인하지 않겠나이다

마태복음 26:33-35

‘시몬’은 ‘듣는 자’ 또는 ‘복종’을 뜻하며, ‘베드로’는 ‘돌’ 또는 ‘바위’라는 뜻이다. 그는 가버나움 사람으로 벳세다의 어부였으며, 요나의 아들로서 안드레와 형제였다. 시몬 베드로는 예수의 부름을 받고 따라나선 첫 번째 제자로서 유대인들, 정확하게 말해 ‘할례’받은 사람들의 사도이다. 『신약성경』의 21~22번째 책인「베드로전서」와「베드로후서」를 썼고 로마에서 활동하다가 십자가에 거꾸로 매달려 순교했다.

　시몬 베드로는 요한, 즉 요나의 아들로서 갈릴리 호수의 북쪽 연안 벳세다라는 마을에서 태어났다. 훗날 베드로는 가버나움에 살면서 고기잡이에 종사했다. 그는 많이 배우지 못한 보통 사람으로, 유대교 랍비(율법학자)의 교육을 받지 못한 사람이다. 결혼했으며 아내도 다른 사도들의 아내들처럼 베드로와 함께 예수를 따라다녔다. 그의 형제인 안드레도 "사람을 낚는 어부가 되어라." 하는 예수의 부름을 받자 주저하지 않고 자신들의 사업을 포기하고 예수를 따랐다.

그의 원래 이름은 시몬이었으나 예수가 직접 반석이라는 뜻의 '게바(베드로)'라는 새 이름을 지어주었다. 이 이름을 받은 것이 단순한 이름을 바꾼 의미가 아니다. '게바'라는 이름이 당시에는 인명으로 쓰인 바가 없으며, 여기서는 메시아처럼 일종의 직무적 함의가 있다. 그 의미는 '그 속에 속이는 것이 없는 사람'이라는 뜻이다.

1년가량 예수의 제자로 지낸 뒤에, 베드로는 '사도', 즉 '보냄을 받은 자'로 선택된 열두 명 중에 첫 번째 제자가 되었다. 베드로는 『신약성경』에서 비중이 큰 인물로,

특히 복음서에는 베드로의 말이 다른 열한 사도들의 말보다 많이 기록되어 있다. 회의록을 보면 누가 의견을 많이 냈고, 각각의 안건마다 말을 얼마나 많이 했는지 알 수 있다.

베드로는 활발했고, 수줍어하거나 주저하지 않았다. 때로는 충동적으로 성급하게 말하고 관심과 감정을 적극적으로 표현했다. 그로 인해 베드로의 인간적 약점이 드러났지만 이러한 표현들이 『성경』에 실렸다는 사실은 그럴 만한 가치가 있다는 의미다.

공격적이었던 베드로는 이렇듯 상대의 눈치를 보지 않고 당당하게 제일 먼저 자신의 느낌을 표현했다. 그는 예수의 변형 환상을 보자(마가복음 9:1-6, 누가복음 9:33) 충동적으로 자신의 순간적인 느낌을 말했다. 마가복음 9장 5절에 기록된 바에 따르면, 엘리야와 모세와 함께 있던 베드로가 영광스러운 모습으로 변형되신 예수를 보자 "우리가 여기 있는 것이 좋사오니 우리가 초막 셋을 짓되 하나는 주를 위하여, 하나는 모세를 위하여, 하나는 엘리야를 위하여 하사이다 하니"라고 기록하고 있다. 이처럼 그는 모호한 말로 얼버무리지도 않고 단도직입적으로 자신의 주장이나 느낌을 제시했다.

그는 우유부단하지도 않고 옥신각신하지도 않았다. 유월절 전에 예수께서 자기의 발을 씻겨주실 때도 베드로는 당치않다고 버티면서 극구 반대했다. 하지만 책망을 받은 뒤에는 머리와 손도 씻겨달라고 요청했다(요한복음 13:5-10). 베드로는 적극적인 관심과 사고방식을 가지고 있었기 때문에 감정적으로 말을 뱉어버렸지만 발을 씻으려고 하신 예수의 설명을 듣는 동안에는 순명하는 자세를 보여주었다. 이렇게 그에게는 순종의 매력이 있었다. 제자들이 예수를 버렸을 때도 베드로는 사도들을 대표하여 자기들의 주이신, '하나님의 거룩한 분'이시자 '영원한 생명의 말씀을 가지고 계신 분' 곁에 머물겠다고 했다.

한편 베드로는 자신이 다른 열한 명의 사도들보다 뛰어나다는 우월감과 과신을 행동으로 표현했다. 예수의 신분을 묻는 질문에, 사도들은 일반적인 대답을 했지만 베드로는 굳건한 확신을 보여주기라도 하듯이 "당신은 그리스도이시며, 살아계신 하나님의 아들이십니다"라고 말했다. 베드로는 제일 먼저 나서서 말하는 만큼 실수도 많았다. 책망이나 질책도 자주 받았다. 심지어 예수에게서 "사탄아, 물러가라." 하는 질타도 들었다. 주님께서 베드로가 말하기 전에 주의 깊게 생각할 필요성을 깨닫도록 도와주신 것이다(마태복음 17:24-27).

그는 말만 그럴듯하게 하는 사람과는 달리, 때로는 전투적인 태도를 보이는 '행동하는 사람'이었다. 사회에 순응하기보다는 자신의 생각을 관철하기 위해 오만하거나 적대적인 태도마저 취하는 경우도 많았다. 솔선하는 태도와 용기를 가졌으며, 예수를 향한 강한 애착을 보였다. 그는 무리의 맨 앞에서 행동으로 실천하는 사람이었다(마가복음 1:35-37). 폭풍이 몰아치는 물 위로 걸어오도록 명해달라고 예수께 요청한 뒤, 얼마간 걷다가 의심하게 되어 빠진 사람도 베드로였다.

베드로는 야고보와 요한과 함께 예수께서 기도에 몰입

하신 장소인 겟세마네 동산에까지 따라가는 특권도 받았다. 그곳에서 그는 피곤함과 비탄에 못 이겨 잠이 들어버렸다. 베드로는 폭도들이 예수를 잡으려는 것을 보고 그들과 싸워야 할지 예수께 물었다. 베드로는 예수의 대답을 기다리지도 않고 즉각적인 행동으로 옮겼다. 적대적이고 공격적인 인물이라 순간적으로 칼을 휘둘러 한 사람의 귀를 잘라버렸다. 그는 인내심이 부족했다. 그 일로 인해 예수로부터 책망을 받았다(마태복음 26:51-52, 누가복음 22:49-51, 요한복음 18:10-11). 비록 베드로가 다른 제자들처럼 예수를 버리기는 했지만, 예수를 체포해가는 폭도들의 뒤를 멀찍이 떨어져 따라갔다. 혹시나 '자신도 목숨을 잃게 되지 않을까.' 하는 두려움이 밀려왔다. 예수가 어떻게 될 것인지에 대한 깊은 염려로 갈등도 느꼈다.

베드로는 대제사장과 안면이 있는 다른 사도의 도움으로 대제사장 집의 뜰 안에까지 들어갔다(요한복음 18:15-16). 그는 눈에 띄지 않게 어둡고 구석진 곳에서 경계하며 조용히 있지 않았다. 그는 대제사장의 하인들이 불을 쬐던 곳으로

예수를 세 번 부인한 베드로

가서 그들과 함께했다. 역시나 배짱이 대단한 사람이었다. 불빛 때문에 그가 예수의 동료라는 사실을 다른 사람들이 쉽게 알 수 있었으니 말이다. 갈릴리 억양을 구사하다 의심을 사고 추궁을 당하자, 베드로는 예수를 안다는 사실을 세 번 부인했다. 극구 부인하다가 급기야는 추궁하는 자를 저주하기까지 했다. 그러나 새벽이 되어 닭이 울자 베드로가 "닭 울기 전에 네가 세 번 나를 부인하리라." 하는 예수의 말씀이 생각나서 밖으로 나가 몹시 울었다(마태복음 26:69-75, 마가복음 14:66-72, 누가복음 22:54-62, 요한복음 18:17).

예수의 죽음과 부활이 있은 뒤에, 무덤에 갔던 여자들은 천사로부터 "그분의 제자들과 베드로에게 소식을 전하라"고 하는 말을 들었다(마가복음 16:1-7, 마태복음 28:1-10). 막달라 마리아가 베드로와 요한에게 그 소식을 전해주자, 그들은 무덤으로 달리기 시작했다. 베드로보다 요한이 앞서 달려갔다. 앞선 요한은 무덤 앞에 멈춰 서서 안을 들여다보기만 했다. 하지만 늦게 도착한 베드로는 곧바로 안으로 들어갔다.

이렇듯 베드로는 예수의 제자가 되기까지, 그리고 제자로서 예수를 따라다니면서 좌충우돌하며 허둥거렸다. 그러나 최선을 다하는 열정을 보였다. 그는 자기가 모시는 예수가 위험하다고 판단했을 때마다 주저 없이 뛰어들어 방어했다. 충성심이 강하다 보니 말보다 행동이 빨랐다.

공격적인 말이나 행동이 지나치면 반사회적인 말과 행동을 보인다. 베드로처럼 분노를 조절하지 못하면 오늘날과 같은 사회에서는 사법적인 조치를 받게 될 가능성이 높다. 과격한 행동이 실수를 부른다. 자초지종 알고 나서 처리해도 늦지 않을 것을, 무턱대고 행동부터 먼저 취하다 보니 왕왕 문제로 이어진다.

일상생활에서 적대적이고 공격적인 행동을 보이는 것은 자신의 우월감을 극대화하기 위해서다. 하지만 이러한 행동은 아무리 그럴싸한 이유와 명분이 있더라도 상대를 억압하려는 잘못된 행동이다.

시몬 베드로처럼 공격적인 사람을 대하는 방법은 의외로 간단하다. 온유함으로 기다리는 것이다. 그렇게 하면 변화하기 시작한다. 공격적인 사람은 다른 사람의 따뜻하고 온유한 태도를 보게 되면, 자신이 살아온 삶의 방법이나 태도와 차이를 느끼게 되어 곧 심리적 혼란과 갈등에 빠지게 된다. 다른 사람을 제압하기 위한 거친 말과 선동적인 행동이 힘이고 능력이며, 온유하고 조용한 것은 약하고 바보 같은 것이라고 늘 생각해왔기 때문이다. 사실, 공격적으로 행동하는 것 자체가 자기 안에 숨겨진 열등감을 감추기 위한 이중적인 우월적 행동이라는 것을 그들도 어느 정도는 깨닫고 있었다.

모든 것은 변한다. 평소 강한 우월감과 적대적인 공격성을 자주 드러내는 사람도 하나님께 감화되면 전혀 다른 사람으로 바뀔 수 있다. 새로운 걸 수용하는 능력을 갖추게 되어 다른 사람들을 신뢰하고 다른 사람들로부터 신뢰를 받는다.

깊은 열등감의 소유자였던 베드로도 큰소리를 치거나

강경한 행동을 일삼음으로써 열등감을 감추려고 했다. 베드로가 물 위를 걷다가 파도를 보고 빠진 것도 그의 내면의 열등감 때문이었다. "당신도 예수의 제자가 아닙니까?" 하고 묻는 어린 계집종 앞에서 세 번이나 예수를 모른다고 한 것도 실은 그의 본바탕을 이루던 두려움이라는 열등감 때문이었고, 부활하신 예수를 만나고도 "물고기 잡으러 가노라"(요한복음 21:3). 하고 말한 것도 예수를 구해내는 데 실패했던 기억으로 더욱 강화된 열등감 때문이었다.

베드로는 자신의 나약하고 부족한 점을 가리기 위해 대단한 사람처럼 보이려고 과격한 행동을 일삼거나 교만함을 보였다. 그럴수록 그는 더 많은 열등감을 느꼈다. 그러나 주 앞에서 자기 자신의 사랑이 한계가 있음을 솔직히 말하고, 자신이 얼마나 무능하고 교만하고 연약한 존재임을 고백한 후에는 성령의 은혜를 받아 마침내 모든 열등감으로부터 자유로워질 수 있었다.

자만심은 자기 스스로가 남들에게 자랑하며 뽐내는

마음이다. 자신감이 상대가 감동하여 나를 찬양해주고 격려해주는 멋진 행동이라면, 자만심은 불쾌감을 주면서 피하게 만드는 꼴불견이다. 하지만 자신감도 지나치면 자만심으로 비친다. 마음은 자신도 모르게 행동으로 비쳐 나온다. 항상 자기가 모든 일의 중심에 서 있다고 믿으니 거침없이 과장된 생각을 하게 되고, 과격한 행동을 하게 된다. 자신이 '최고'라고 대놓고 과시하는 사람은 결코 주변 사람들을 편안하게 해주지 못한다. 과시는 주변 사람들의 칭찬에 지나치게 의존하여 늘 자신을 불안에 떨게 하기 때문이다.

이렇게 지나친 과시와 상대방에게 잘 보이려는 행동은 자기 자신을 피곤하게 한다. 내가 편하고 행복한 것이야말로 다른 사람들까지 편하고 행복하게 해줄 수 있는 진정한 아름다움이다. 자신을 낮추고 겸손하게 행동할 때, 자신의 부족함을 알고 인정할 때, 남들로부터 인정받고 불안과 열등감으로부터 자유롭게 반응한다.

타인에게 인정받고 싶은 열등감의 허영과 자만

　인정받고 싶다는 욕구가 강해지면 심리적 긴장이 발생한다. 이때 목표지향적인 사람은 구체화된 목표를 달성하기 위해 적극적으로 노력한다. 그러나 자신이 꿈꾸는 목표를 달성하기 위해 앞만 보고 달려가다 보면 현실에 대한 균형감을 잃을 때가 있다. 나를 위해서라기보다 다른 사람에게 보여줄 외형적인 모습에 더욱 초점을 맞추다 보니 자유롭게 활동하기가 어렵기 때문이다. 이때 이런 사람의 마음속에 '허영심'과 '자만심'이 자리를 잡는다.

　허영심이란 인간이라면 누구나 가지고 있는 보편적인 감정이지만 허영심이 지나치면 그것이 겉으로 나타날 수밖에 없다. 그러한 사람들은 다른 사람들이 나를 어떻게 평가하는가에 예민하다. 그래서 허영심을 감추려고 위장하다 보니 그 결과물이 '겸손'으로 둔갑한다.

　자만심은 근본적으로 자기중심적이다. 자만심이 강한

사람은 다른 사람의 입장을 별로 고려하지 않는다. 인간관계에 대한 편협적인 판단을 해 사람을 사귀지도 못한다. 모든 것의 초점을 자신에게 맞추고 자신에게 도움이 될지 안 될지에만 관심을 보인다. 자신의 잘못을 인정하는 대신 그에 따른 책임을 다른 사람에게 전가하며, 나는 맞고 다른 사람은 잘못됐다는 이분법적인 논리를 펼친다. 따라서 잘된 것은 자신의 덕이지만, 잘못된 것에 대한 책임은 다른 사람에게 전가하는 비합리적 사고를 갖는다.

그래서 예수께서는 생각만 하지 말고 직접 와보라고 말씀하셨다. "직접 와서 네 눈으로 보라"는 말에는 예수처럼 이미 진리를 깨우친 사람과 함께 머물면서 그의 제자가 되라는 행동의 의미가 담겨있다. 예수와 함께 머물 때 비로소 진리를 깨우치게 되고, 또한 그 진리가 우리를 자유롭게 한다.

우리는 어떤가? 예수를 따른다고 하면서 경솔함과 자만심으로 인해 자주 실수하고 때로는 우리의 신앙마저 감춰버리지 않는가. 성령 충만으로 크든 작든 주께서 베풀어주신 모든 은혜에 깊은 감사를 드리자. 그리고 깨어 기도하며 늘 새롭게 자신을 성화하는 신앙인의 삶으로 우리를 초대하자.

자만심으로 위장한 열등감

☺ 다른 사람이 나를 치켜세우는 것은 나를 자만에 빠지게
   하는 것이다.

☺ 내가 우월하다고 확신하지 말라. 그러면 더는 아무
   말도 통하지 않는다.

☺ 교만은 패망의 선봉이다. 교만에 빠지면 참된 행복과
   만족에서 멀어지게 된다.

(with)

기도를 위한 참고 성구 : 고후 12:7, 딤후 3:4

여러 계시를 받은 것이 지극히 크므로 너무 자만하지 않게 하시려고 내
육체에 가시 곧 사탄의 사자를 주셨으니 이는 나를 쳐서 너무 자만하지
않게 하려 하심이라 (고후 12:7)

배신하며 조급하며 자만하며 쾌락을 사랑하기를 하나님 사랑하는 것
보다 더하며 경건의 모양은 있으나 경건의 능력은 부인하니 이같은
자들에게서 네가 돌아서라 (딤후 3:4-5)

✞ 자만심으로 가득 찬 나를 위한 기도

✝ 하나님께 드리는 감사기도

02

안드레

.
.
.

드러나지 않고 뒷전에서 일하는 열등감

.

가장 먼저 부름 받은 신실한 제자

요한의 말을 듣고 예수를 따르는 두 사람 중의 하나는 시몬 베드로의 형제 안드레라 그가 먼저 자기의 형제 시몬을 찾아 말하되 우리가 메시야를 만났다 하고

요한복음 1:40-41

제자 중 하나 곧 시몬 베드로의 형제 안드레가 예수께 여짜오되 여기 한 아이가 있어 보리떡 다섯 개와 물고기 두 마리를 가지고 있나이다 그러나 그것이 이 많은 사람에게 얼마나 되겠사옵나이까

요한복음 6:8-9

‘안드레’는 ‘남자답다’라는 뜻으로, 예수의 열두 제자 중에서 가장 먼저 부르심을 받은 자다. 초대교회의 문서에도 ‘먼저 부름을 받은 사람’으로 소개됐다. 갈릴리 호숫가의 벳세다 마을 출신 어부로 베드로와는 형제였다. 형인 베드로와 함께 가버나움에서 자랐다. 세례 요한의 제자이기도 했던 안드레는 다른 형제에게도 전도하여 개종시키는 공적을 세웠다.

　그는 비록 많은 공적을 남기지는 않았지만, 예수께서 공생애 사역 중에 오병이어五餠二魚의 기적을 베풀 수 있도록 현격한 믿음의 공적을 세웠다. '될성부른 나무는 떡잎부터 다르다'라는 말이 있듯이 이미 그는 세례 요한의 제자로서 잘 훈련받았고 세례 요한의 증거로 예수를 만나 제자가 되었다.

결단력 있는 판단과 순종으로 극복한 열등감

사람은 누구를 만나느냐에 따라 삶이 180도로 달라진다. 열등감은 자신의 내부에서 저절로 발생하는 것 같지만 실제로는 상대방의 말과 행동으로부터 자극을 받으면서 생겨난다. 행동주의 심리학의 관점에서 보면, 인간의 모든 행동은 학습되어진 결과이며, 행동은 자극에 대한 반응이다. 자극은 누구에게나 똑같이 주어지지만 받아들인 뒤의 반응은 제각각이다. 같은 교실에서 똑같은 강의를 듣고도 어떤 학생은 감동을 받아 열심히 노력하고 도전하는 반면, 어떤 학생은 절망에 빠져 학교를 그만두는 일도 있다. 이는 받아들이는 자극에 대한 반응의 결과인 즉, 그러니까 이때 자신의 마음이 어떤 상황에 놓여있는지가 모든 것을 결정하는 행동으로 보면 된다. 열등감으로부터 자유로워졌는지, 아니면 아직도 열등감에 빠져있는지가 문제이다.

교회에서도 마찬가지다. 설교대에서 외치는 목사님의 말씀을 듣고 어떤 사람은 은혜를 받아 더 열심히 헌신적인 성도가 되는가 하면, 반대로 '목사님은 꼭 특정인을 가리키면서 듣기 싫은 말만 골라서 한다!'라며 교회를 떠나는 이도 있다. 마음속에 무엇을 품고 있느냐가 이런 차이를 만드는 것이다.

> 이튿날 요한이 자기 제자 중 두 사람과 함께 섰다가 예수께서 거니심을 보고 말하되 보라 하나님의 어린 양이로다
>
> 요한복음 1:35-36

똑같은 사건을 보고도 사람마다 다르게 판단한다. 능력이 다르기 때문이다. 예를 들어, 당신은 '하나님의 어린 양'이라는 말을 들었을 때 과연 어떻게 행동할 것인가? 지금 세상에서는 자신이야말로 진정한 하나님의

어린 양이라고 주장하는 거짓말쟁이들이 판을 치고 있다. 세례 요한은 "나는 그리스도가 아니며, 다만 그리스도를 증거하라고 보내심을 받은 자다." 하고 처음부터 분명하게 자신을 소개했다. 오히려 세례 요한은 자기가 그리스도의 곁에 들러리 서는 것에서 기쁨을 느꼈다. 세례 요한의 이런 점은 조금만 유명해져도 상당히 교만해지거나, 사돈의 팔촌까지 고위직 인사를 안다는 이유만으로 부정부패를 일삼는 우리 사회의 어떤 자들과 대비된다.

> 예수께서 돌이켜 그 따르는 것을 보시고 물어 이르시되
> 무엇을 구하느냐 이르되 랍비여 어디 계시오니까 하니
>
> 요한복음 1:38

　　예수의 '무엇을 구하느냐?'라는 질문에 그들은 뭘 원한다고 대답한 것이 아니라 '어디 계십니까?' 하고 되물었다. 예수에게서 뭘 얻고자 한 것이 아니라 세례 요한의 증거대로 저분이 하나님의 어린 양이시라면, 저분과 깊이 사귀고 싶다는 열망 때문에 '어디 계십니까?'라고 되물은 것이다.

허기진 결핍에서 오는 열등감

안드레와 베드로는 세례 요한의 증거를 통해 예수에 관한 말씀을 듣고 좇아갔다.

> 갈릴리 해변으로 지나가시다가 시몬과 그 형제 안드레가
> 바다에 그물 던지는 것을 보시니 그들은 어부라 예수께서
> 이르시되 나를 따라오라 내가 너희로 사람을 낚는 어부가
> 되게 하리라 하시니 곧 그물을 버려 두고 따르니라
>
> 마가복음 1:16-18

어부가 그물을 버린다는 것은 생계를 포기하는 것을 의미한다. 즉, 안드레에게 예수는 지금까지 자기의 모든 것을 걸고 살아왔던 삶의 터전을 포기할 정도로 소중한 분이기에 이제 모든 것을 버리기로 결단한 것이다. '사람을 낚는 어부가 되게 해주겠다.' 하는 예수를 믿기에 그물을 던져버리고 따라나선 안드레의 결단은 예수를 통하여 열등감을 극복하는 첫 단추가 되었다. 이런 안드레의 결단력 있는 판단과 예수를 향한 순종이

결국 자신의 열등감을 극복하는 전환점이 된 것이다.

　열등감을 극복하기 위해서는 자기 스스로 생각하고 결정해야 한다. 그래야 다른 사람에게 도움을 요청할 수 있다. 그렇지 않고 자기 스스로 뭔가를 결정하기가 부담스러워 우유부단하게 행동하면 결코 열등감을 극복할 수 없다. 우유부단한 사람의 성격은 대학에서 학과를 선택하거나 교육을 마치고 사회인으로서 직장을 선택할 때도 분명하게 드러난다. 결혼 후에도 나타난다. 우유부단함 때문에 부부 갈등이 시작된다. 결국 서로에 대한 헌신도 아니고 아주 난감할 정도의 무책임함으로 이혼을 초래한다. 때로는 상대방에 대한 분노가 일어나는 원인이 되기도 한다. 이렇게 우유부단함은 두 사람 모두에게 심적인 고통을 안겨주는 묘한 감정의 연결고리다.

　안드레는 베드로에 비해 드러나지 않았다. 스포트라이트도 받지 못했다. 큰 나무에 가려진 인물처럼 지냈다. 적극적이거나 도전적이지도 못했고 베드로처럼 하루에 3,000명씩 회개시키는 그런 거침없는 인물도 아니었다.

그러나 묵묵히 자기의 소리를 내는 놀라운 내공을 가졌다.

「요한복음」 6장에 나오는 예수의 오병이어의 기적은 안드레의 공적이었다. 5,000명의 군중에게 먹을 것을 줘야 하니 말 그대로 '답이 없는 상황'이었다. 마침 열두 제자 중에 빌립은 암산 능력이 뛰어났는지 재빨리 계산하여 '조금씩 준다고 해도 최소한 200데나리온 이상이 들 것입니다.' 하고 말했다(데나리온은 로마 제국의 은화다). 제자들은 어떤 것도 조달할 수 없는 상황에 절망스러워했다.

> 제자 중 하나 곧 시몬 베드로의 형제 안드레가 예수께
> 여짜오되 여기 한 아이가 있어 보리떡 다섯 개와 물고기
> 두 마리를 가지고 있나이다 그러나 그것이 이 많은 사람
> 에게 얼마나 되겠사옵나이까
>
> 요한복음 6:8-9

그러나 안드레는 빌립과 달리 요즘 말로 '단순무식하다'라는 말이 나올 행동으로 답했다. 보리떡 다섯 개와 물고기 두 마리를 가진 아이를 찾아냈다. 그는 뭔가를 찾긴

했으니 기뻐하면서 "이거로라도 어떻게 해볼 수 있지 않겠습니까?" 하고 말하듯이 희망적인 돌파구를 찾으려 했다. 안드레는 너무 똑똑해 현실을 잘 알고 지레 절망해버린 빌립과는 달랐다. 안드레는 희망적인 뭔가를 찾아냈다. 그에게는 '새로운 기적의 도구가 되지 않을까.' 하는 간절한 바람과 희망이 있었다. 실제로 그것은 예수께서 큰 기적을 이루어내시는 원동력이 되었다.

실수를 두려워하는 완벽주의의 열등감

열등감을 가진 사람은 항상 '실수하면 안 된다!'라는 강박관념에 사로잡혀 완벽을 추구하려고 한다. 그래서 도전하지 못한다. 또 우유부단함이 마음속에 자리 잡고 있어서 포기하지도 못한다. 반면에 열등감을 극복하려는 의지가 있는 사람은 다르다. 솔직하다. 그런 사람은 있으면 있고, 없으면 없고, 할 줄 알면 하는 것이고, 모르면 모른다고 솔직하게 털어놓음으로써 다른 전문가의 도움이나 손길을 받아서 문제를 해결한다.

오천 명을 먹이신 기적

안드레가 '오병이어 기적'을 일으킬 수 있었던 것도 자신의 부족함을 솔직하게 털어놓고 정직하게 말했기 때문이다. 안드레는 자기가 할 수 있는 것과 예수께서 하실 것을 구분한 뒤, 자기가 할 수 있는 거는 최선을 다해 준비했다. 그런 뒤에 예수께서 기적을 베푸시리라 기대하는 믿음을 보였다. '나는 할 수 없다. 최선을 다할 뿐이다. 하지만 우리 주께서는 하실 수 있다'라는 안드레의 믿음이 열등감을 극복하기에 충분한 촉진제 역할을 했다.

열등감을 가진 사람은 다른 사람과 관계를 맺을 때든, 뭔가를 얻어내려고 할 때든 끊임없이 눈치를 본다. 자기 자신의 욕구가 채워지지 않았다는 불안함의 표시다. 없으면서도 모든 것을 다 가진 것처럼 있는 척하지 마라. 그것이 곧 당신의 열등감을 드러내는 행위이다. 또 다른 사람을 무시하는 신호이다. 실수를 두려워하거나 완벽해야 한다는 생각 자체를 내려놔라. 두려워하거나 겁낼 게 하나도 없다. 불안해 할 것도 없다. 불안이나 두려움은 우리를 억압하는 최고의 심리적 구속 수단으로 꽤 치명적이라는 사실 명심해야 한다.

안드레는 항상 사람들을 예수께 인도하고 소개하는 은사의 사람이었다. 그는 이미 자신이 예수의 제자가 되어 열등감을 극복했기에 성공적인 삶이나 행복한 삶을 살아가는 방법을 알고 있었다. 그가 다른 사람들에게 예수를 소개하는 행동 자체가 이미 열등감 극복의 증거요, 확신을 보여주는 징조다.

『신약성경』에는 안드레가 새로운 사람들을 찾아내어 예수께 소개한 기록이 일관되게 나와 있다. 사람이 사람을 소개하려면 그만큼 자신이 그 어떤 일로도 시기나 질투를 하지 않을 마음의 준비와 열린 자세가 있어야 가능하다. 그럴 수 있을 만큼 자신이 당당하고, 자신감이 있다는 의미이기도 하다. 누구를 만날 때마다 좋은 사람을 소개해 달라고 조르는 자들을 보라. 목적을 달성하기 위한 수단으로 이용할 대상을 찾는 사람들이다. 그런 사람들은, 무엇 때문에 사람을 소개해 달라는 것인지 단서를 모을 수 있을 만큼 충분히 관찰해야 한다. 그런 자들과의 관계에는 위험이 많다. 그들은 자신의 목적이 달성되면 가차 없이 그 사람과의 관계를 끊는다.

반면, 조용하게 가만히 있어도 다른 누군가를 만나도록 소개하거나 추천해주고 싶은 사람이 있다. 당연히 안드레 같은 사람이다. 안드레는 자신의 열등함을 이미 알고 극복한 '성숙한 사람'이기에 충분히 믿고 신뢰할 수 있기 때문이다.

한 형제이지만 안드레와 베드로는 감정표현 면에서도 상당한 차이를 보인다. 베드로는 다혈질이라서 앞뒤 구분 없이 행동한다. 그러다 보니 감정의 기복이 심한 조울증 환자처럼 보이지만 안드레는 자신의 감정을 쉽게 표출하거나 폭발시키지 않는다. 항상 자기의 일을 조용하고 성실하게 수행한다.

만남을 통한 열등감 극복

안드레는 베드로보다 먼저 예수를 알았지만, 자기보다 더 높아지고 유명해지는 베드로를 질투하지 않았다. 그는 이미 예수를 만남으로써 열등감이 충분히 극복되었음을 여실히 입증했다.

높은 사람에게 인정받고 칭찬받다 보면 그 사랑을 독차지하려고 다른 사람을 소개하거나 추천하기를 싫어하는 사람이 있다. 그런 사람은, 높은 사람이 자기가 추천한 사람에게 기울어져 자기에게 관심이 줄어들고 자신의 숨겨진 부정적인 모습이 부각될까봐 두려워한다. 즉, 높은 사람이 자기가 추천한 사람을 더 신뢰하고 돈독한 관계를 맺을 수 있기 때문에 시기와 질투가 일어나 마음속에 열등감이 부글부글 끓고 있는 것이다. 이런 사람은 절대로 다른 사람에게 소개하면 안 된다. 자신도 그런 사람을 소개받아서는 안 된다.

베드로가 주를 위해 열심히 일할 때, 안드레는 3년간이나 예수를 따라다니면서 사람을 주님께로 인도하는 일을 했다. 그는 늘 자기 형인 베드로의 그늘에 가리워져 있었으나 자신의 허물을 시인하고 뒷전에서 묵묵히 일했던 것이다. 「사도행전」 2장에 보면, 오순절이 되어 제자들이 한 곳에 모였을 때 성령이 오시어 그곳에 모인 한 사람 한 사람 위에 머물렀다. 그들 중에도 안드레가 있었다. 그는 소아시아(오늘날의 터키)를 중심으로 특별히 에베소에서 복음을 전하는 사역에 헌신했다.

안드레는 에게테스라는 주지사의 동생과 부인에게 복음을 전하는 바람에 에게테스의 비위를 건드렸다. 결국, 처형을 당하기에 이르렀다. 그가 X자형의 십자가 앞에 서자 주지사가 이렇게 말했다.

"그대는 지금이라도 예수 믿는 신앙을 포기하고 그대의 목숨을 보존하라."

이때 안드레는 이렇게 대답했다.

"주지사시여, 그대는 그대의 영혼을 잃지 마시오."

안드레는 숨을 거두며 다음과 같은 기도문을 남겼다.

'오, 그리스도 예수시여, 나를 받아주소서. 내가 본 그분, 내가 사랑한 그분, 그분 안에서 나는 내가 되었나이다. 주님이시여, 당신의 영원한 나라의 평안 가운데 이제 나의 영혼을 받아주옵소서.'

17세기 에스파냐 화가인 바르톨로메 에스테발 무리요가 그린 「성 안드레의 순교」라는 그림에는 죽어가는 안드레 옆에서 어린 소년이 눈물을 흘리고 있다. 그 소년은 다름 아닌 물고기 두 마리와 보리떡 다섯 개를 예수께 바쳤던 소년이었다. 그래서 어쩌면 안드레는 베드로보다 더 중요한 인물이며, 예수를 만났을 당시에 자신의 열등함을 솔직하게 드러냄으로써 그 정직함을 인정받았던 사람이다.

그는 항상 뒷전에서 주님께서 생각해주시는 것만 감사하면서 만족했다. 뒷전에 처진 것을 괴로워하지 않았다. 열등감을 펼치고 나서 자기를 바로 보았기 때문이다. 그는 묵묵히 자기의 사명을 수행하면서 한 사람씩 주님께 인도하였다. 교회는 뒷전에서 일하는 깊은 신앙을 가진 안드레 같은 사람을 요구한다. 그는 참으로 능력도 없으면서 높은 자리에만 앉으려고 하는 사람들에게 생각할 것을 던져주는 제자다운 제자다.

우리도 열등감을 드러내고 자기 자신을 바로 볼 줄

알아야 한다. 그리하여 주님의 사업을 위해서 나보다 더 훌륭하고 능력 있는 사람을 추천하자. 예수를 믿지 않는 친구를 보면 예수께 인도하여 믿음의 승리자로 만들자. 안드레 같은 제자가 진정 예수와 함께하는 제자가 아니겠는가.

열등감 극복하기 ②

드러나지 않고 뒷전에서 일하는 열등감

☺ 존재감은 나를 대신하는 품격이다.

☺ 사람들이 보는 모습과 당신이 보이고 싶은 모습은 다르다.

☺ 사람들은 내면의 실력보다 눈으로 보이는 존재감을
   중요하게 여긴다.

☺ 다른 사람과 똑같지 않은 나만의 독특함을 보여라.

☺ 존재감은 다른 사람이 나를 중요한 사람으로 대해줄
   때 생겨난다.

(with)

✝ 기도를 위한 참고 성구 : 롬 16:19 ; 히 5:8-9 ; 약 3:3

   너희의 순종함이 모든 사람에게 들리는지라 그러므로 내가 너희로

   말미암아 기뻐하노니 너희가 선한 데 지혜롭고 악한 데 미련하기를

   원하노라 (롬 16:19)

그가 아들이시면서도 받으신 고난으로 순종함을 배워서 온전하게 되셨은즉 자기에게 순종하는 모든 자에게 영원한 구원의 근원이 되시고 (히 5:8-9)

우리가 말들의 입에 재갈 물리는 것은 우리에게 순종하게 하려고 그 온 몸을 제어하는 것이라 (약 3:3)

✟ 하나님께 순종하지 못한 나를 위한 기도

✟ 하나님께 드리는 감사기도

03

세베데의 아들 야고보

⋮

형제간의 질투와 시기로 인한 열등감

•

사도 중 최초의 순교자

예수께서 앉으사 열두 제자를 불러서 이르시되 누구든지 첫째가 되고자 하면
뭇 사람의 끝이 되며 뭇 사람을 섬기는 자가 되어야 하리라 하시고

마가복음 9:35

야고보는 예수께서 예루살렘으로 가던 길에 사마리
아인들이 예수를 영접하지 않고 불친절하게 하자 불같
이 화를 내며 하늘에서 불을 내려 멸하도록 예수께 간
청하다가 호되게 질책을 받았다.

"예수께서 예루살렘을 향하여 가시기 때문에 그들이
받아들이지 아니 하는지라 제자 야고보와 요한이 이를 보
고 이르되 주여 우리가 불을 명하여 하늘로부터 내려 저
희를 멸하라 하기를 원하시나이까 예수께서 돌아보시며
꾸짖으시고 함께 다른 마을로 가시니라"(누가복음 9:53-56)

야고보의 이런 타고난 성격 때문에 예수는 이들 형제를 '천둥의 아들'이라는 뜻의 보아너게라는 별명을 붙여주었다.

야고보는 세베대의 아들로 요한의 형제이자, 그들과 같이 고기를 잡는 어부였다. 그는 큰 배와 일꾼들을 소유한 부유한 가정에서 자랐다. 예수께서 부르시니 그도 배와 그물과 부친을 버려두고 좇아갔다. 야고보는 열정적이었고 야망이 있었다. 훌륭한 지도자가 될 수 있는 탁월한 자질도 있었다. 그래서 예수의 제자 중에 베드로와 요한과 더불어 초대교회를 이끌어갈 핵심 제자가 되었다.

어린 시절의 가정환경은 성장 과정에 중요한 영향력을 행사한다. 이때 다른 친구들의 가정환경을 보면서 자신의 사정이 그들보다 못하면 마음속에 열등감으로 채워지기도 한다. 이렇게 어릴 때 형제간의 오해와 갈등은 늙어 죽을 때까지 쉽게 풀리지 않는다.

야고보와 동생 요한은 당대의 대제사장 가야바를 알고 있었다. 물론 그것은 아버지의 배경 덕분이었다. 야고보의 아버지는 자기가 살던 지역에서 상당한 재력가였다. 이런 집안에서 형제간의 비교는 끊임없이 일어난다. 학교 다닐 때는 물론 직장생활이나 결혼생활과 관련해서도 늘 비교당하기 마련이다. 형이나 동생 중 우위에 있는 사람이 항상 갑의 위치에 있게 되고, 을의 위치에 있는 사람은 열등감을 가득 품게 된다.

　　예수께서는 평소에 우직하며 충성스러운 야고보를 좋아하셨다. 중요하고 비밀스러운 곳에는 항상 야고보와 그의 동생인 요한을 대동하고 다니셨다. 야고보의 급한 성격은 방해가 되기도 했지만, 자신의 주장이 분명하여 예수께서 주시는 잔이라면 기꺼이 받아 마시고 끝까지 참여하겠다는 강한 자신감을 내보이기도 했다. 어떤 조직에서나 열성적인 관리자는 이러한 자신감이 있다. 문제는 이런 사람은 리더의 목표나 방향이 자신의 것과 일치할 때는 함께하지만, 그렇지 않으면 중간에 언제라도 돌아설 수 있음을 암시한다.

야고보의 기대와 달리, 예수께서는 군대를 일으켜 예루살렘으로 진군하지도 않았다. 지지 세력을 규합해서 반대 세력과 당당하게 맞서지도 않았다. 마치 도살장에 끌려가는 소처럼 하나님이 예비하신 유월절 어린양이 되어 아무런 저항조차 없이 골고다 언덕으로 끌려갔다. 실망한 사도들은 모두 도망쳤다. 예수가 죽자 그때 누구보다 성질이 급한 야고보도 완벽한 배신감을 느낀 나머지 예수와의 인연을 끊어버리고 떠났다. 그러나 예수께서 부활하셨다는 소식을 들은 야고보는, 자신의 판단이 잘못된 것임을 깨닫고 굴복했다. 이를 계기로 야고보는 예수의 제자로 거듭나 진실과 충성스러운 마음으로 예수를 섬겼다. 그 후 열두 사도 가운데 가장 명예스러운 최초의 순교자가 되었다.

열등감의 1차적 원인은 가정이다. 즉, 부모가 가장 큰 원인을 제공한다. 형제자매는 가족이면서도 타인이자, 영원한 경쟁자다. 그러다 보니 부모가 형제자매간의 관계를 어떻게 맺어주느냐에 따라 형제자매간의 경쟁을 유도하기도 하고, 서로 이해하고 받아들이도록 만들기도 한다. 그런데 '한번 형은 영원한 형이고, 한번 동생은 영원한 동생이다'라는 관계가 성립하면서 동생은 형과, 형은 동생과 비교하여 피해의식이 생기는 경우가 있다. 그 경우 형이나 동생이 열등감에 빠져 살게 된다. 가인과 아벨 형제, 에서와 야곱 형제처럼 말이다.

이런 경우에는 서로 우월한 자리를 차지하기 위해 끊임없이 발버둥이친다. 열등한 형제를 무시하는 바람에 서로 적대 관계가 된다. 형이 잘하면 '형은 잘하는데, 너는 왜 형을 닮지 않았느냐'고 동생을 비난하기 일쑤이며, 형이 동생보다 못하면 '넌 형이라는 녀석이 동생보다 못하다니 한심하구나.' 하고 부모에게 야단맞는다. 이렇게 형과 동생이 비교의 대상이 되면 원만한 관계를 이루기 위한 답을 찾아내기가 어려워진다.

형제간의 관계가 돈독해지려면, 부모는 자녀들을 어릴 때부터 독립된 인격으로 보고 대해야 한다. 그렇지 않으면 형제 사이는 심각한 부정적 열등감에 따른 경쟁상대가 된다. 형제가 함께 운영하는 대기업들을 보라. 이들은 항상 '형제의 난'이라는 말이 나올 만큼 치열하게 싸운다. 다른 기업이나 유사 업종간의 경쟁이 아니라, 형제간의 처절한 경쟁에서 이겨야 한다는 도토리 키재기식 논리에 빠져든다.

요한과 야고보의 어머니가 자신의 두 아들이 주의 나라에서 오른팔과 왼팔의 역할을 하게 해달라고 요청했다. 예수께서는 "자리는 하나님 아버지께서 주신다." 하고 답하셨다. 어머니가 오지 않은 열 명의 제자들은 이 말을 듣고 분히 여겼다. 이때 예수께서 다음과 같이 말하여 권력의 목적은 봉사하는 것으로써 다른 사람들에게 무언가를 강요하거나 그들 위에 군림하는 것이 아니라는 것을 일깨워주었다.

이방인의 집권자들이 그들을 임의로 주관하고 그 고관들이 그들에게 권세를 부리는 줄을 너희가 알거니와 너희 중에는 그렇지 않아야 하나니 너희 중에 누구든지 크고자 하는 자는 너희를 섬기는 자가 되고 너희 중에 누구든지 으뜸이 되고자 하는 자는 너희의 종이 되어야 하리라

마태복음 20:25-27

야고보와 요한 형제의 어머니가 그렇듯이, 어머니의 마음은 열 손가락 깨물어 안 아픈 손가락이 없다. 모두가 다 사랑스럽고 눈에 넣어도 아프지 않다. 두 아들마저 하나는 왼팔, 하나는 오른팔을 시켜달라고 간청할 정도다. 하나님의 주권 행사까지도 간섭하고 싶은 게 부모의 심정이다. 이렇게 부모가 간섭하면 할수록 아이들의 마음속에는 누군가에 대한 시기와 질투심이 끝없이 생겨난다. 심지어 형제자매간에도 경쟁의식이 가득해진다.

「시편」을 보면 형제가 연합한다는 것이 그만큼 어렵고도 힘든 일이기에 하신 말씀이 나온다.

보라 형제가 연합하여 동거함이 어찌 그리 선하고 아름다운고 머리에 있는 보배로운 기름이 수염 곧 아론의 수염에 흘러서 그의 옷깃까지 내림 같고 헐몬의 이슬이 시온의 산들에 내림 같도다

시편 133:1-3

『신약성경』에서는 야고보와 요한을 항상 같이 다루고 있다. 이는 그들이 꼭 형제였기 때문만은 아니다. 예수의 제자들 중에는 베드로와 안드레 형제도 있었는데 『신약성경』은 이들을 언제나 같이 다루고 있지는 않다. 야고보와 요한을 늘 같이 다룬 이유는 그들의 성격이 똑같이 불같아서였기 때문이다. 그래서 「마가복음」 3장 17절에서 예수께서는 이들 형제에게 '천둥의 아들'이라는 별명을 붙여주었다.

　『구약성경』에서도 형제간의 시기와 질투는 결국 형이 착한 동생을 돌로 쳐서 죽인 살인으로 이어질 만큼 심각하다. 가인과 아벨, 그리고 야곱의 아들 요셉을 보면 형제간의 끝없는 경쟁과 시기와 질투심이 가득한 게 보인다. 이러한 갈등의 이면에는 부모의 잘못된 차별대우, 즉 편애가 존재한다.

　요셉이 형제들의 악한 행동으로 죽을 뻔했을 때도, 형들에 대한 미움과 증오와 원한이 이루 말할 수 없는 복수심으로 이어졌다. 이러한 배경에는 부모의 편애하는 행동이 있었다. 아버지 야곱이 일반적으로 고귀한 사람들이 입는 그런 값진 겉옷, 곧 무릎까지 내려오는 외투를 요셉에게만 사준 것이 형들에게는 편애의 원인이 되었다. 선물이 선물로 끝나는 것이 아니라, 야곱이 장자인 르우벤을 제쳐놓고 장자의 상속권을 라헬의 아들인 요셉에게 주려고 한다는 의심을 불러일으켰다.

형제자매간에도 서로 부모의 사랑을 조금이라도 더 차지하려고 경쟁한다. 부모의 사랑을 빼앗기는 것을 불행이라고 느껴 질투가 도를 넘는다. 이때 서로에 대한 긴장감을 불러와 부모의 사랑을 못 받거나 적게 받았다고 느끼는 형제자매들끼리 똘똘 뭉치는 파국으로 이어진다. 그래서 형제자매가 여럿일 때에는 선물을 하더라도 서열에 따라 신경 쓰지 않으면 안 된다. 자칫 잘못하면 시기나 질투를 일으키는 행동이 일어나기 때문이다.

부모의 관심과 사랑을 누가 독차지하느냐에 따라 질투심과 적개심이 생겨나는 것은 인간의 특징이다. 특히 형제자매가 많은 경우에는 경쟁의식이 자연스럽게 심해진다. 여자는 무시당한다고 느낄 때, 남자는 특권이라도 누리듯이 부모의 편애를 받을 때는 질투를 뛰어넘어 서로에 대한 적개심으로 발전하기도 한다.

더구나 가정에서 형제간에 질투심이나 피해의식을 갖고서 자랐다면, 어른이 된 후에도 대인관계에서 같은 감정을 표출한다. 직장에서도 마찬가지다. 경쟁 관계에 있는 같은 직종의 종사자들 사이에서도 그렇다. 서로에 대한 민감한 반응을 끊임없이 보인다. 동료들간의 경쟁의식도 중요하지만 일단은 윗사람이 누구를 관심의 대상으로 삼느냐에 따라 예민한 반응을 보인다. 이때 최고의 관심과 사랑을 받는 사람이 바로 나의 최악의 경쟁상대가 된다.

그러다 보니 사랑과 관심을 되찾으려는 유별난 경쟁이 일어난다. 이러한 경쟁 심리는 부작용을 낳을 수밖에 없다. 선의의 경쟁을 넘어 심할 때는 이중인격 등 성격 장애 증상을 보일 만큼 양극성을 보인다. 개인의 목표가 경쟁 대상보다 우월한 위치를 차지하기 때문에 나를 중심으로 주변인들을 관리하기 위한 일종의 매뉴얼을 만들고, 그것을 상대방에게 강요한다. 즉, 상대방과의 경계선을 긋고, 자기 뜻대로 행동하도록 강요하는 것이다.

사람들은 자기가 무시당한다고 생각하면 분을 참지 못한다. 증오심에서 벗어나지도 못한다. 또 다른 사람보다 더 좋은 환경과 위치에 있음에도 불구하고, 경쟁에서 우위를 차지하지 못하면 위축감을 느껴 불안에 떤다. 이런 사람들은 분노를 조절하지 못해 공포 분위기를 조성하고, 자기과시를 하려고 우회적으로 질투의 대상을 목표로 과격하고 공격적인 행동을 한다. 하지만 야고보는 달랐다. 지금까지 몰랐던 새로운 자신을 만났다. 야고보는 예수의 가르침을 통해 형제간의 열등감을 극복하고, 성령으로 가득 차 능력 있는 믿음의 증인이 되었다.

야고보의 믿음은 은혜의 체험이었다. 예수가 계신 곳이라면 어디서나 함께 있었던 야고보는, 주를 향한 선한 야망을 꿈꾸며 복음 전도를 위해서 사명을 다하다가 제일 먼저 순교했다. 유대인들의 왕이던 헤롯이 기독교가 더 이상 세력을 펼치지 못하도록 본보기로 야고보를 죽인 이유는 야고보가 여느 사도들보다 더 열심이고 활동적이며, 다른 사람에 대한 감화력이 컸기 때문이다.

야고보서의 내용을 통해 우리는 야고보가 기도의 사람, 거룩한 삶을 살아간 실천적 믿음의 사람이라는 걸 알 수 있다. 이는 오늘날 예수는 믿는데 신실하지 못한 우리에게 큰 도전을 준다. 날마다 성경 말씀을 읽고 묵상하며 깨달은 바를 일상에서 실천하는 일이 우리 신앙인에게 얼마나 중요한지 다시 한번 기억해야 하겠다.

겟세마네에서의 기도

형제간의 질투와 시기로 인한 열등감

☺ 내가 질투하고 있음을 인정하라.

☺ 질투는 아주 보편적인 감정이다.

☺ 소중한 것을 빼앗긴다는 두려움을 버려라.

☺ 내게 없는 것을 가진 형제를 경계하지 말라.

(with)

✞ 기도를 위한 참고 성구 : 약 4:11 ; 요일 3:15

형제들아 서로 비방하지 말라 형제를 비방하는 자나 형제를 판단하는

자는 곧 율법을 비방하고 율법을 판단하는 것이라 네가 만일 율법을

판단하면 율법의 준행자가 아니요 재판관이로다 (약 4:11)

그 형제를 미워하는 자마다 살인하는 자니 살인하는 자마다 영생이

그 속에 거하지 아니하는 것을 너희가 아는 바라 (요일 3:15)

✟ 형제를 헐뜯고 미워하는 나를 위한 기도

✝ 하나님께 드리는 감사기도

04

요한

·
·
·

천둥 같은 외골수 성격으로 인한 열등감

·

주님의 사랑을 많이 받은 제자

그가 우리를 위하여 목숨을 버리셨으니 우리가 이로써 사랑을 알고 우리도
형제들을 위하여 목숨을 버리는 것이 마땅하니라

요한1서 3:16

요한은 야고보, 안드레, 베드로 등과 더불어 가버나움 출신으로 호수에 그물을 던져 고기를 잡는 어부였다. '요한'이라는 이름의 의미는 '하나님은 은혜로우시다'라는 뜻이다.

　　요한의 가정은 가난하지는 않았다. 종을 거느리고 있었고 널찍한 집이 있었으며, 또 대제사장 가야바와 친분도 가지고 있었다. 자기 고장에서 막강한 영향력을 미치고 있었던 집안 출신임에도 불구하고 어느 날 그는 예수 그리스도를 만나 그물을 던져버리고 복음을 전하는 사도가 되었다.

요한은 처음에는 성격이 급하고 거칠어서 '천둥의 아들'이라고 불렸다. 그러나 예수를 만나고 나서는 '사랑스런 제자'로 불렸다. 그는 남을 잘 품지 못하는 뾰족한 성격을 가진데다 마음이 급해서 불같이 화를 잘 냈다. 한 예로, 사마리아인들이 예수를 영접하지 않는 것을 보고 주께 엘리야의 기적을 재연하듯이 하늘에서 불을 내려 그들을 불사르게 해달라고 요청하기도 했다(누가복음 9:52-54). 예수의 말씀으로 변화되기 전에는 악한 성질, 복수심, 분노하는 정신을 갖고서 비평을 잘했으며, 자존심이 강하여 하나님의 나라에서도 첫째가 되고자 했다. 다행히 요한은 예수의 사랑과 교훈을 잘 받아들이는 장점이 있었다. 날마다 예수의 온유하심과 관용을 보고 겸손과 인내의 교훈을 들으면서 난폭한 성격을 바꾸었다. 매 순간 그리스도를 바라보면서 성품의 변화를 얻게 된 것이다.

자기애가 강한 자기과시

　「요한복음」은 사도 요한에 의하여 기록된 복음서이다.

이 책에서 요한은 다른 사도들의 이름은 말하면서 자신의 이름은 한 번도 밝히지 않았다. 대신 "예수의 제자 중 하나 곧 그가 사랑하시는 자가 예수의 품에 의지하여 누웠는지라"(요한복음 13:23)처럼 다른 표현 방법을 사용하고 있다. 요한은 주의 남다른 사랑을 받았기에 '나, 요한' 같은 자신을 나타내는 표현보다는 더 거룩하고 영광스러운 칭호인 '주께서 사랑하시는 제자'로 불리고 싶었다.

요한의 아버지는 세베대이다. 그는 이름만 밝힐 뿐 드러내지 않는다. 이에 반해 요한의 어머니는 몇 번에 걸쳐 『신약성경』에 등장하는데, 이름은 밝혀지지 않았다. 하지만 십자가를 맨 예수를 끝까지 따라간 여인들 중 하나가 요한의 어머니였음을 알 수 있다. 그래서인지 요한은 아버지보다는 어머니에게서 예수 그리스도를 따르는 신실한 신상의 감동 같은 영향을 받은 것으로 추측된다. 요한이 어떻게 그리스도인이 되었는가는 「요한복음」 1장 35절 이하를 통해 알 수 있다.

또 이튿날 요한이 자기 제자 중 두 사람과 함께 섰다가

예수께서 거니심을 보고 말하되 보라 하나님의 어린 양이

로다 두 제자가 그의 말을 듣고 예수를 따르거늘

요한복음 1:35-37

안드레와 요한은 세례 요한의 제자로 지내다가 어느 날 그가 증거하는 말씀을 듣고서 예수를 좇게 되었다.

요한이 예수께 여짜오되 선생님 우리를 따르지 않는 어떤

자가 주의 이름으로 귀신을 내쫓는 것을 우리가 보고

우리를 따르지 아니하므로 금하였나이다

마가복음 9:38

사도 요한은 자신의 편이 아니면 다 적으로 간주하는 버릇이 있었다. 열정을 가진 사람은 항상 이렇듯 외골 수로 빠지기가 쉽다. 외골수는 뭔가에 꽂히면 단 한 곳으로만 파고드는 사람을 의미한다. 간혹 고집이 세거나 자기주장만 고집하는 사람을 가리킨다. 이런 사람은 자기주장이 강하기에 주변 사람들로부터 융통성이 없어

자기밖에 모른다는 소릴 듣는다. 물론 이런 성격이 나쁜 점만 있는 것은 아니다. 좋은 점도 있다. 다른 사람에게 피해를 주지 않는다. 본인도 이로 인해 피해받지 않고, 오히려 다른 사람에게 휘둘리지 않으려고 자기를 고립시킨다.

> 예수께서 이르시되 금하지 말라 내 이름을 의탁하여 능한 일을 행하고 즉시로 나를 비방할 자가 없느니라
>
> 마가복음 9:39

예수께서는 이렇듯 요한을 나무라셨다. 사실, 대인 관계에서는 '흑 아니면 백'으로 구분 짓는 이분법적인 사고는 외골수로 빠지게 만든다. 모두가 자기편이 될 수는 없다. 오히려 된다는 게 더 이상하다. 자기를 들여다보기 위한 작업 중 하나는 열등감의 이면에 숨겨진 이러한 외골수 감정을 찾아내는 것이다.

다윗은 시편 119편에서 "주의 구원을 내게 임하게 하소서 그리하시면 내가 나를 비방하는 자들에게 대답할 말이 있사오리니." 하고 간구했다. 사도 바울은 로마서

에서 암흑 세상에 사는 사람들의 모습을 다음과 같이 묘사했다.

> 곧 모든 불의, 추악, 탐욕, 악의가 가득한 자요 시기, 살인, 분쟁, 사기, 악독이 가득한 자요 수군수군하는 자요 비방하는 자요 하나님께서 미워하시는 자요 능욕하는 자요 교만한 자요 자랑하는 자요 악을 도모하는 자요 부모를 거역하는 자요 우매한 자요 배약하는 자요 무정한 자요 무자비한 자라
>
> 로마서 1:29-31

시편 69장 9절에 보면 "주를 비방하는 비방이 내게 미쳤나이다"라는 말씀이 나온다. 이는 아버지 하나님을 비방하는 자들의 비방이 예수 그리스도께 임하였다는 뜻이다. 예수 그리스도께서는 하나님을 기쁘시게 하는 일의 모범을 보이는 가운데 하나님을 대표하여 이 땅에 오셨다. 그러기에 하나님을 비방하는 자들의 비방이 예수 그리스도께로 향할 수밖에 없고, 우리도 '주를 비방하는 비방이 내게 미쳤나이다.' 하고 주님께 하소연하

지 않을 수 없다. 하나님의 뜻대로 살 때, 세상 사람들은 하나님을 비방하던 자신들의 비방을 예수에게로 돌리기 마련이다. 그들에게는 하나님은 멀리 있고 예수는 아주 가깝게 있는지라 비방의 화살을 예수에게 돌리는 것이 손쉽기 때문이다.

비방이란 아주 허접한 심리적 행동이다. 그럼에도 사람들은 왜 그런 행동을 할까? 대부분의 사람들은 자기가 남보다 낫다고 생각하기 때문이다. 심리학자들은 이를 보고 '자기고양(self-enhancement)'이라 칭하는데, 이는 물질이나 능력보다 도덕적인 부분에서 더 심해진다. 스스로 나를 선한 사마리아인이라 생각하고 다른 사람들의 행동이 나보다 못 미친다고 인식하는 것은, 그 속에 자기가 인정받고 싶다는 숨겨진 인정 욕구가 강하게 일어나서 그렇다. 만약 주변에 비난을 일삼는 친구가 있다면 똑같이 비난하기보다는 오히려 '너는 참 괜찮은 친구야.' 하며 칭찬하는 것이 좋다. 다른 사람을 비난하거나 험담해서는 안 된다. 당신이 누군가를 비난하면 그 누군가도 당신을 비난할 테니까. 아마 그 친구는 칭찬을 듣고 싶어 할 것이다.

SNS에서 특정 연예인에 대한 집중적인 공격이 쏟아질 때가 있다. 이런 경우, 그 연예인에 대한 평소 비호감이 작동한 댓글이 어디에서 생겼는지 찾아보면 사실 여부도 확인하지 않은 행위가 더 많다. 물론 그럴만한 일도 있겠지만 말이다.

　지금은 쉽게 도덕적 우위를 차지하려고, 부릅뜨고 위반자를 찾는 사람들이 많아진 세상이다. 불법이나 위법이 아니라, 사소한 말실수라도 비난의 레이더망에 걸리면 다들 집중포화를 피할 수 없다. 지금은 자신의 감정을 쏟아부을 대상을 찾아 집단투사를 일삼다가 화낼 대상이 아무도 없으면, 불안 증상을 호소하는 무서운 시대가 되었다. 더 심하게는 사회적 공익이나 정의도 추구하지만 냉정하게 돌아보면 자신의 이익을 위해 타인을 지배하고자 공적 플랫폼을 이용하는 집단활동이 증가하는 사회적 현상이다. 실례로 대학입시제도 개선에 유치원이나 초등학교 학부모들이 집단시위를 주도하지 않는 것은 개인의 이익을 실현할 시점이 최소 10년 후에 발생할 일이라서 관심 밖이기 때문이다.

상대방을 치켜세워주는 척하면서 자기를 드러냄

주위에서 사람들이 대화하는 걸 보다 보면 가끔 상대를 치켜세워주는 사람을 볼 수 있다. 사실 그것이 자기를 내세우기 위한 경우라면 다행이다. 상대방을 비하하지는 않기 때문이다. 그러나 많은 사람들은 상대방을 깎아내리면 내가 상대적으로 유능해 보일 거라는 착각에 빠져 그런 행동을 일삼는다. 상대방을 부정적으로 깎아내리는 만큼 자신의 이미지도 함께 추락하면서 자신의 부정적 인격이 그대로 노출된다는 사실을 몰라서 그럴까.

자존심이 강한 듯한 사람은 다른 사람으로부터 받는 약간의 부정적인 표현이나 평가에도 아주 예민한 반응을 보인다. 얼핏 보면 그 사람이 자존감이 무척 높은 사람처럼 보이겠지만, 실제로는 정반대이다. 자존감이 높은 게 아니라, 자존감 자체가 바닥이라 자신의 자존감을 끌어올리는 수단과 방법으로 간주하여 상대방을 무시하거나 헐뜯는 것이다. 그런 사람들은 그런 만큼 자신의

자존감이 유지된다는 일종의 가짜 자기만족을 위해 예민
하게 군다.

상대방을 끌어내리기 위한 치켜세우기는 비열한 방법
이다. 이렇게 상대방을 무시하면 자신도 무시당한다는
사실을 모르고 하는 잘난 척은 자신의 수준이 낮다는
증거이다.

「사도행전」에서 바울이 등장하기 이전, 처음 절반의
역사가 베드로와 요한 두 사람의 이야기다. 에베소에서
요한이 최후의 사역을 할 때, 이미 다른 제자들은 순교
의 잔을 마셨다. 그래서 요한은 그 당시에 '순교하지 않
은 유일한 제자'로 불리었다. 요한은 '살아있는 순교자'
였다. 역사에 보면 요한은 복음을 전하다가 에베소에서
또 한 번 잡혔다. 그래서 독사들이 우글거리는 굴 속에
던져졌고 끓는 물에 빠뜨려졌다.

하나님께서는 요한을 죽지 않게 하셨다. 하지만 요한의
몸은 만신창이가 되었다. 최후에 요한은 들것에 실린 채

밧모섬에 갇힌 요한

그리스도인들의 모임에 참석했다. 그때 사람들이 그를 앉혀놓으면 '소자小子들아, 서로 사랑하라.' 하며 간곡하게 설교했다. 그는 서기 100년경에 숨을 거두었다.

요한은 오늘을 살고 있는 우리에게 많은 교훈을 주었다. 그중에서도 서로 사랑하며 은혜로운 사람이 되라고 힘주어 말했다. 요한은 불같은 성급한 성격을 가졌지만, 성령의 지배를 받으면서 주님을 사랑하게 되고 그 사랑으로 다른 사람들을 사랑하는 사랑의 사도로 변모하게 되었는지를 우리에게 보여주었다.

우리는 사랑할 줄 아는 신앙인인가? 사실 우리의 삶은 주님께서 베풀어주신 은혜와 사랑으로 가득하다. 주님께서 허락하지 않으시면 그 어느 것도 할 수 없다. 주님께서 주신 모든 것에 감사하며 서로를 사랑하는 신앙인이 되어야 하지 않을까.

천둥 같은 외골수 성격의 열등감 극복하기

☺ 자기 자랑도 하지 말고 남에게 상처가 될 독한 말도 내뱉지 말라.

☺ 주변 사람을 자신의 목적을 이루는 수단으로 이용하지 말라.

☺ 자신이 세상의 중심이라는 외골수적 행동을 하지 말라.

☺ 만사를 내 뜻대로만 하려는 생각을 바꿔라.

☺ 상대가 확신을 갖고 말할 때는 한발 양보하고 들어라.

☺ 거만하고 도도한 태도를 보이지 말라.

with

✝ 기도를 위한 참고 성구 : 롬 2:5

다만 네 고집과 회개하지 아니한 마음을 따라 진노의 날 곧 하나님의

의로우신 심판이 나타나는 그 날에 임할 진노를 네게 쌓는도다 (롬 2:5)

✟ 너무 외곬로 굽힐 줄 모르는 나를 위한 기도

✟ 하나님께 드리는 감사기도

05

빌립

.
.
.

철저하게 계산적인 강박에서 오는 열등감

.

신중하고 결단력 있는 제자

이튿날 예수께서 갈릴리로 나가려 하시다가 빌립을 만나 이르시되 나를 따르라 하시니 빌립은 안드레와 베드로와 한 동네 벳새다 사람이라 빌립이 나다나엘을 찾아 이르되 모세가 율법에 기록하였고 여러 선지자가 기록한 그이를 우리가 만났으니 요셉의 아들 나사렛 예수니라 나다나엘이 이르되 나사렛에서 무슨 선한 것이 날 수 있느냐 빌립이 이르되 와서 보라 하니라

요한복음 1:43-46

빌립은 신중한 사람이었다. 그는 베드로나 안드레처럼 메시아(구세주)에 대해 관심이 많았다. 그의 고향은 벳세다로, 베드로 형제와 같은 고향이었다. 그래서인지 빌립은 아주 어린 시절부터 이들과 친하게 지내면서(요한복음 4:4) 깊은 공감대를 형성할 수 있었다. 지리적인 환경을 통해 형성된 공감대는 어떤 대인관계보다도 서로에 대해 강력한 애착과 유대관계를 만든다. 한국에서 학연 · 지연 · 혈연을 따지듯이 말이다.

빌립은 태어날 때부터 동네 친구였던 베드로와는 성격

이나 기질이 달랐다. 베드로는 오직 자신의 신념을 믿고 독불장군처럼 밀고 나가는 불도저 같은 불꽃이었지만, 빌립은 신중하게 결정하는 심사숙고형이었다. 그는 결단을 내리기 어려운 순간에는 오랜 친구인 안드레에게 많은 협조를 구하곤 했다. 이렇듯 빌립은 감정과 기분에 따라 즉흥적으로 결정하지 않았다. 그만큼 실수를 줄일 수 있었다. 물론 모든 일에 있어 신중하다 보니 의사 결정에 다소 많은 시간이 걸렸다. 그래서 우유부단하다는 평을 듣기도 했다.

> 이튿날 예수께서 갈릴리로 나가려 하시다가 빌립을 만나 이르시되 나를 따르라 하시니
>
> 요한복음 1:43

아마도 베드로와 안드레는 예수에 대해서 빌립에게 이야기했을지 모른다. 베다니와 갈릴리 사이의 길을 가다가 어느 곳에서인가 예수께서는 빌립에게도 제자가 될 것을 권하셨다. 예수께서는 빌립도 세례 요한을 따르는 이들 중의 한 사람이라고 아셨기에 그를 제자로 삼으셨다.

우리가 예수를 찾는 이유는, 예수께서 우리를 먼저 찾으시는데 대한 반사적인 행동이다. 세리 삭개오가 예수를 찾던 것처럼 보이지만, 그는 나무에 올라가서 예수를 힐끗 구경하려고 했을 뿐이다. 사실은 예수께서 발걸음을 멈추시고 나무 위를 보신 후, 예수 스스로 삭개오의 집을 찾아 들어가신 것이다.

"인자가 온 것은 잃어버린 자를 찾아 구원하려 함이니라" (누가복음 19:10). 하고 예수께서는 진실로 누가 누구를 찾는가에 대해 말씀하셨다. 사실, 관계 형성의 기본은 '누구를 만났을 때 어떤 반응을 보이느냐'라고 할 수 있다. 나보다 훨씬 높거나 영향력 있는 사람을 만났을 때는 자신의 모든 것을 버리고 복종하는 사람들이 많다. 하지만 '그런 게 나와 무슨 상관이오?' 하면서 자기가 지금까지 살던 대로 묵묵히 사는 이들도 있다. 만약에 대통령이 나를 찾는다면 과연 나는 어떤 반응을 보일 것인가? 한번 생각해보자.

빌립은 예수의 부름을 받고 긍정적인 반응을 보였다. 그러면서 빌립은 "주여 내가 먼저 가서 내 아버지를 장사하게 허락하옵소서"(마태복음 8:21) 하고 예수께 말했다. 그 순간, 예수의 눈을 보고 목소리를 들은 빌립은 자신의 생애가 다른 이들과 똑같을 수 없다는 것을 깨달았다. 빌립은 천천히 심사숙고하여 선택했다. 충심에서 우러나온 최종적인 결단을 내렸다.

빌립은 친구인 나다나엘에게 예수를 만난 사실을 말해주려고 걸음을 재촉했다. 이것이 빌립의 첫 번째 전도였다. 빌립은 예수께서 율법과 예언을 성취하시리라 확신하고 나서 나다나엘에게 말했다. 그러나 나다나엘은 오히려 "나사렛에서 무슨 선한 것이 날 수 있느냐?"(요한복음 1:46) 하고 물었다.

다른 사람이 내 행동을 비난하거나 무시한다고 생각하면 몹시 화가 난다. 이때 나를 비난한다고 해서 감정을 주체하지 못하고 휘말려서는 안 된다. '휘말린다'라는 것은 자신의 열등감을 표출하는 것이요, 동시에 여러 가지 성격적인 단서를 보여주는 것이다. 타인이 나를 비난한다고 생각할 때 화를 내거나 감정이 격해지는 이유는, 스스로 생각과 추측에 사로잡힌 데 따른 자격지심이 들기 때문이다.

때로는 상대방이 나를 비난하려는 의도가 없었는데 내가 그것을 비난이라고 볼 때도 있다. 이것 역시 내 마음속에 숨겨진 열등감이 있다는 표시이다. 이때는 비난하는 행위와 표정에 드러나는 신호를 잘 간파해야 한다. 말과 얼굴이 서로 다름을, 즉 얼굴로는 분명 부정적인 신호를 보내면서 입으로는 긍정적인 말을 쏟아내는 경우가 많이 있음을 사실로 받아들일 필요가 있다. 중요한 건 나 자신이 가지고 있는 '판단의 기준'이다. 먼저 '다른 사람이 왜 나를 비난할까?'를 생각하면서 이렇게 자신에게 물어보라.

'내가 화내거나 소리를 지르면 다른 사람들이 나를 유능한 사람이라고 봐줄까?'

이런 생각이 들면 곤란하다. 화를 내거나 소리를 지르는 사람에게는 어떤 위안이나 위로도 도움이 되지 않는다. 그냥 내버려 둠으로써 스스로 감정을 가라앉힐 시간을 주는 게 낫다.

자신이 확신하는 것을 믿기는커녕 의심하는 친구에게는 얼마든지 분개하며 화를 낼 수 있다. 하지만 빌립은 자신을 의심한 나다나엘과 말다툼을 하지 않고 침착하게 "와서 보라"(요한복음 1:46). 하고 대꾸했다. 어떤 경우 논리적인 대화는 신앙의 훌륭한 기초가 된다. 그러나 빌립은 하나님의 나라에 대한 나다나엘과의 논쟁이 불필요하다는 것을 깨달았다. 그래서 나다나엘에게 예수께로 가보자고 한 것이다.

> 예수께서 눈을 들어 큰 무리가 자기에게로 오는 것을 보시고 빌립에게 이르시되 우리가 어디서 떡을 사서 이 사람들을 먹이겠느냐 하시니 이렇게 말씀하심은 친히 어떻게 하실지를 아시고 빌립을 시험하고자 하심이라 빌립이 대답하되 각 사람으로 조금씩 받게 할지라도 이백 데나리온의 떡이 부족하리이다
>
> 요한복음 6:5-7

오병이어의 기적에서 보듯이 빌립은 이성적이고 계산이 빠른 실용적인 사람이었다. 그는 당시 상황에 필요한 물자의 수를 재빨리 계산했다. 남자만도 5,000명이나 되는 사람들에게 떡을 먹이려면 최소한 200데나리온 이상이 필요

하다는 상당히 정확하고 실제적인 계산을 해냈다. 그리고 "우리에게는 가진 돈이 없는데 어떻게 당장 음식을 구할 수 있겠습니까?"라는 식으로 예수께 말씀을 올렸다.

어떤 일을 할 때 필요한 예산을 정확하게 미리 뽑아내는 것은 중요하다. 문제는 '필요한 비용'을 어떻게 마련할 것이냐다. 비용을 산정하고도 일을 진행해야 하는 다음 단계에서 '돈이 없으니 못하겠다!' 하며 부정적인 입장을 취하면 아무것도 이룰 수 없다.

빌립은 수천 명을 먹이실 수 있는 하나님의 능력을 생각하지 못했다. 그보다 '당장 눈에 보이는 떡'을 사기 위한 실질적인 돈에만 관심을 가졌다. 그래서 예수께서는 빌립에게 믿음을 가르치는 데 도움이 되게 하시려고 그 많은 사람에게 먹일 떡을 물으신 것이다. 빌립은 너무도 타산적인 사람이라 담대하지 못했다.

강박적인 사람은 함께 있는 이들조차 귀중한 존재라는 사실을 깨닫지 못한다. 강박에 사로잡힌 인물은 기쁨과 평화를 누리지 못한 채 주변 사람들을 힘들게 한다. 또 그렇게 자신을 점점 더 고립시킨다. 그러나 이러한 빌립과는 대조적으로 안드레는 속 시원하게 "여기 한 아이가 있어 보리떡 다섯 개와 물고기 두 마리를 가지고 있나이다. 그러나 그것이 이 많은 사람에게 얼마나 되겠사옵나이까?"(요한복음 6:9) 하고 물었다. 안드레의 믿음에 대한 응답으로 예수께서는 그 아이가 가진 것으로 사람들을 모두 배부르게 먹이셨고, 그러고도 남은 조각이 열두 바구니를 가득 채우는 기적을 이루셨다.

물론 논리적이고 계산적인 사람이라고 해서 믿음이 없는 것은 아니다. 빌립은 안드레를 보면서 '나는 왜 이렇게 융통성이 없을까?' 하고 후회했다. 그는 안드레와 달리 예수의 기적을 사모하는 간절한 마음이 없었음을 자책했다. 어디서나 빌립처럼 모든 일에 지나치게 신중한 사람이 있게 마련이다. 조직에서는 회계나 총무를 맡는 사람들이 대개 이러한데, 이런 사람들은 관리와 회계를 중요하게 생각하는 만큼이나 형식에 얽매이기 쉽다. 그리고 적은 금액을 철저하게 관리하다 보니, 돈과 형식이 인간적인 관계보다 더 중요하다고 여기는 일종의 강박적인 인물이 되기 쉽다. 강박은 마음속에서 떨쳐버리려 해도 떠나지 아니하는 억눌린 생각으로, 반복적인 행동이 지배하기에 한 가지에 꽂히는 경우다.

이들에게는 자신이 어떤 위치에서 무슨 역할을 하느냐가 중요하다. 그에 따라 조직에 협조하거나 오히려 비협조적인 행동을 한다. 자신의 의지를 다른 사람에게 관철하기 위해 어떻게 해야 하는지를 직관적으로 인식한다. 또한 사소한 일이나 불미스러운 일을 목격하면 이것을 관리자나 주변에 알리는 것을 자신의 사명으로 생각한다. 그러나 형식과 순서에 얽매여 논쟁을 일삼다 보니 주변 사람들의 기피 대상 1호가 되기 쉽다.

빌립과 같은 사람들은 일을 처리할 때도 나름대로 자신의 영역을 분명하게 설정해놓고 그 안에서 모든 걸 해결하려고 한다. '내 것은 분명하게 내 것이며, 네 것은 네 것이다.' 하는 논리를 가지고 있다. 이런 성격적 특성에 따르다 보니 그들은 타인에게 인색한 모습을 보인다.

마치 다른 사람과 쉽게 어울리지 못하는 바리새인 율법주의자와 같다.

다른 사람을 통제하고 간섭하려는 이들의 마음은, 이미 어린 시절부터 따뜻한 보살핌을 받지 못해 생긴 것이다. 어린 시절에 지나친 간섭과 통제를 받으며 살아왔기에 이들은 경직된 생각이나 행동에 스스로를 구속하여 사소한 것까지 형식에 얽매인다. 이들은 바리새인식의 율법적 태도로 다른 사람들을 몰아붙이며, 자신마저 보이지 않는 투명한 박 속에 꼼짝하지 못하도록 가둔다. 신중하고 불안하여 끊임없이 잔소리를 퍼붓는 것도 그런 점 때문이다. 분노와 질책을 받으면서 항상 긴장하며 살다 보니 늘 자기 주변에서 위협을 느끼면서도 아닌 것처럼 속이려고 다른 사람들과 똑같이 행동하는 것이다.

이처럼 마음을 억누르고 있는 불필요한 의식과 생명력 없는 행위, 그 자체가 미묘한 열등감이다. 이는 사탄의 전략에 얽매이는 정서적 갈등의 반영이다. 이제 하나님의 은총으로 거듭남의 은혜를 받아야 한다. 그리고

마가의 다락방에 성령이 임하는 모습

예수 그리스도를 통해 나 자신이 짊어질 수밖에 없는 짐을 지되, 이를 더 가볍게 해주시는 주의 은총을 신뢰하고 사모해야 한다. 그렇지 못한 자들은 자신이 이룬 모든 것이 자신의 힘으로 이루어진 줄로 착각한다.

하나님께서는 계산적이면서 강박적인 사고를 하는 빌립을 변화시켜 놓으셨다. 예수의 명령에 순종하여 오순절 마가의 다락방에서 기도하던 빌립은 뜨거운 성령을 체험했다. 그 후 불신의 장막을 걷어내고 믿음의 진리를 가슴으로 받아들였다. 영적으로 우둔한 그였으나 믿는 것이 보는 것이 된 영의 사람으로 거듭나 열등감에서 벗어난 것이다. 열등감에서 벗어난 빌립은 주님의 사도로서 사명을 훌륭히 감당했다.

우리에게도 빌립같이 계산적이면서 강박적인 믿음이 있을 수 있다. 그러나 움켜쥐고만 있으면 우리의 믿음은 더 뿌옇게 된다. 말씀에 순종하여 불신의 장막을 걷어내고 뿌옇게 얼룩진 믿음을 깨끗이 닦아내어 주님을 굳게 믿는 신앙인이 되어야 하겠다.

철저하게 계산적인 강박에서 오는 열등감

☺ 상대방의 칭찬에 목메지 말라.

☺ 남에게 잘 보이려 애쓰지 말라.

☺ 강박적으로 남을 배려하지 말라.

☺ 우연이나 결과를 통제하지 말라.

☺ 습관적 자책에서 벗어나라.

(with)

✝ 기도를 위한 참고 성구 : 마 6:19-21 ; 눅 9:3 ; 약 2:2-4

너희를 위하여 보물을 땅에 쌓아 두지 말라 거기는 좀과 동록이 해하며

도둑이 구멍을 뚫고 도둑질하느니라 오직 너희를 위하여 보물을 하늘에

쌓아 두라 거기는 좀이나 동록이 해하지 못하며 도둑이 구멍을 뚫지도

못하고 도둑질도 못하느니라 네 보물 있는 그 곳에는 네 마음도 있느

니라 (마 6:19-21)

이르시되 여행을 위하여 아무 것도 가지지 말라 지팡이나 배낭이나

양식이나 돈이나 두 벌 옷을 가지지 말며 (눅 9:3)

만일 너희 회당에 금가락지를 끼고 아름다운 옷을 입은 사람이 들어오고 또 남루한 옷을 입은 가난한 사람이 들어올 때에 너희가 아름다운 옷을 입은 자를 눈여겨보고 말하되 여기 좋은 자리에 앉으소서 하고 또 가난한 자에게 말하되 너는 거기 서 있든지 내 발등상 아래에 앉으라 하면 너희끼리 서로 차별하며 악한 생각으로 판단하는 자가 되는 것이 아니냐 (약 2:2-4)

✠ 돈만 중요시하는 나를 위한 기도

....

....

....

....

✠ 하나님께 드리는 감사기도

....

....

....

....

06

바돌로매

．
．
．

지역적 편견으로 상대를 무시하는 열등감

·

순전한 마음을 지닌 제자

빌립이 나다나엘을 찾아 이르되 모세가 율법에 기록하였고 여러 선지자가
기록한 그이를 우리가 만났으니 요셉의 아들 나사렛 예수니라 나다나엘이
이르되 나사렛에서 무슨 선한 것이 날 수 있느냐 빌립이 이르되 와서 보라
하니라 예수께서 나다나엘이 자기에게 오는 것을 보시고 그를 가리켜 이르
시되 보라 이는 참으로 이스라엘 사람이라 그 속에 간사한 것이 없도다

요한복음 1:45-47

바돌로매는 빌립의 전도로 예수를 향한 신앙을 갖게
된 나다나엘과 동일인일 것으로 추정된다(요한복음 1:45).
'바돌로매'라는 이름은 왕족의 이름을 따서 지었으나,
실제로는 귀한 신분은 아니었고, 단지 '돌로매의 아들'
이라는 뜻일 뿐이다. '나다나엘'은 '하나님의 선물'을 의
미한다.

「마태복음」,「누가복음」,「마가복음」과「사도행전」은
모두 바돌로매를 열두 명의 사도들 가운데 여섯 번째로
말하고 있다. 이들 책에서는 나다나엘이라는 이름이 나타

나지 않는다. 그런데 요한복음에서는 바돌로매라는 이름은 없고 대신 나다나엘이 제자로 나온다. 또 예수께서 부활하신 후 제자들에게 나타나셨다고 말씀할 때 고기 잡으러 가는 일곱 제자 중에 갈릴리 가나 사람 나다나엘의 이름이 나타난다(요한복음 21:2).

나다나엘은 친구 빌립에 의해 전도되었다. 나다나엘은 자기보다 성경적인 지식이 부족한 빌립이 와보라고 하자 빌립을 따라나섰다. 예수의 제자들이 다 그렇게 하나님의 부르심을 받은 자들이다. 나다나엘 역시 예수께 잘 보여서, 칭찬받을 일을 많이 해서 예수의 제자가 된 게 아니다. 오직 하나님의 은혜와 부르심으로 예수의 제자가 된 것이다. 요한은 이같이 말했다.

"나다나엘(바돌로매)과 빌립은 친구였으며, 빌립이 나다나엘을 예수께 데리고 갔다"

그러나 빌립에 의해 전도 받고 예수께 나아온 나다나엘에게는 당시 시대 풍조를 따른 지역적 편견과 열등감이 있는데, 요한복음 1장 46절에 잘 나타나 있다.

"나사렛에서 무슨 선한 것이 날 수 있느냐 빌립이 이
르되 와서 보라 하니라"

또 훗날 예수를 변호하던 니고데모에게 대제사장들
과 바리새인들이, "대답하여 이르되 너도 갈릴리에서
왔느냐 찾아 보라 갈릴리에서는 선지자가 나지 못하느
니라 하였더라"(요한복음 7:52)고 비난할 만큼 지역적 편견
이 그 시대의 조류였다.

나다나엘은 예수께 인정받은 정직하고 신실한 인품을
가졌다. 그럼에도 그 시대 사람들이 가지고 있는 지역적
편견의 의식구조를 벗어나지 못한 사람이었다. 이런 편
견은 나다나엘에게 열등감을 가지고 있었다는 뜻도 된다.
그처럼 진실한 사람이 한편으로 이런 구조를 가지고 살
아갔다는 것이 아쉬운 점이라 하겠다. 많은 사람들이
자기도 모르는 습관적인 지역 비하나 용모 비하, 환경
비하 때문에 크게 상처를 받는다. 우리는 이러한 자기

자신의 편견으로 인한 열등감을 벗어던져야 한다. 지역이나 외모, 재력, 학벌로 사람을 평가하지 않는 훈련을 해야 한다. 그런데 갈릴리 가나 사람 나다나엘은 지역적 편견에서 해방되지 못하고 열등감마저 가득했다.

빌립이 예수께서 메시아인 걸 알고 친구인 나다나엘을 만나 "모세가 율법에 기록하였고, 여러 선지자가 기록한 그이를 만났으니 요셉의 아들 나사렛 예수다." 하고 말했을 때, 나다나엘은 빌립을 보고 "빌립아, 네가 뭘 안다고 떠드냐. 나사렛에서 무슨 선한 것이 날 수 있느냐." 하며 빌립을 무시하는 반응을 보였다. '내가 성경 박사인데 네가 뭘 안다고 그렇게 이야기를 하느냐.' 하는 말에는 빌립이 먼저 예수의 제자가 된 것에 대한 나다나엘의 열등감이 밖으로 표현된 게 아닌가 하는 생각이 든다.

무화과나무 밑에 있던 나다나엘을 보신 예수께서는 "너 혼자 조용한 곳에서 공부하고 기도하며 묵상하는 것을 보았다." 하고 말씀하셨다. 나다나엘의 친구들은 그가 고기잡이배에 없으면 정원의 무화과나무 아래에 있음을 알았다. 죄를 짓지 않는 나다나엘의 정직한 마음은 무화과나무 밑에서 늘 묵상하는 습관이 입증해준다. 시간만 나면 무화과나무 그늘에서 묵상하는 것을 보고 나다나엘이 신앙 깊은 사람임을 예수께서는 알고 계셨다.

그 당시 무화과나무는 기도의 자리였고 묵상의 자리였다. 갈릴리 지방에 사는 사람들에게 무화과나무는 정서적 안정감과 평안함을 제공해주는 개인적인 휴식 공간이었다. 나다나엘도 이 무화과나무 밑에서 성경을 묵상하고 기도하였다. 이런 나다나엘을 예수께서 눈여겨보신 것이다.

가정환경이나 주변환경은 개인의 성격 형성에 밀접한 영향을 미친다. 자연 속 조용한 곳이나 잔잔히 흐르는 음악은 정서적 괴로움이나 신체적 긴장을 제거해준다. 모든 불안한 감정과 왜곡된 정서는 자연 속에 있을 때 사라지기 때문이다. 그렇다면 지금의 MZ세대들은 어떤가?

MZ세대들은 시도 때도 없이 귀에 이어폰을 꽂고 산다. 시끄러운 음악은 청소년들에게 고도난청 같은 심각한 장애를 유발한다고 해도 '쇠귀에 경 읽기다.' 그들은 클래식 대신 록이나 랩 같은 요란하고 반복적인 리듬의 음악만 듣는다. 그러다 보니 음악을 통한 정서적 안정감 대신, 흥분되고 파괴적인 감정의 혼돈을 겪고 있다.

또한 그들은 눈뜰 때부터 잠자리에 들 때까지 스마트폰에 빠져 살다 보니 자신과 다른 사람을 끊임없이 비교하게 된다. 나와는 아무 상관조차 없는 일에도 감정이 동요되고, 나중에는 지배를 받는다. 기쁨이나 분노의 감정을 감추지 않는다. 그럴수록 괴로움과 상대적 박탈감으로 인한 우울감이 커지고 내부자극이나 외부 자극에 민감하게 반응한다.

삶의 고통스러운 순간은 누구에게나 있을 수 있다. 그러나 이를 마음속에 깊이 담아놓고서 원수 갚을 일만 생각하고 살면 과연 어떻게 될까? 분노, 불안, 죄책감, 수치감은 물론 질투심마저 생긴다. 결국 지금의 나에게

좌절을 안겨다준 조건들이 다시 나타나 악순환의 고리를 끊지 못한다.

신앙적으로, 정서적으로 이로운 환경을 만들어서 책을 읽거나 기도를 하면 좋은 영감을 얻을 수 있다. 누구든지 마음의 안정을 누릴 수 있고 훨씬 온화해진 자신의 모습을 보게 된다. 특히 경제적 어려움이나 대인관계에서의 배신감, 불신 등 온갖 갈등에 빠졌을 때는 자기만의 시간과 공간을 갖는 것이 심리적 회복의 지름길이다. 그래야 자기를 돌아보며 세상 사람들의 이기주의나 배신으로부터 입은 상처를 회복할 수 있기 때문이다.

『구약성경』에서, 이삭은 한밤중에 들로 나가서 기도했으며, 엘리야는 동굴 속에서 하나님께 기도했다. 예수께서도 겟세마네 동산에서 기도하셨다. 나는 시간이 날 때마다 경기도 파주에 있는 '오산리 최자실금식기도원'을 찾는다. 영적으로도 영성을 일깨우는 장소이지만, 혼자서 책을 읽거나 기도하면서 조용하게 쉼을 얻는 유일한 공간이기도 하다. 분노나 배신감에 화가 치밀어 거칠게 숨을 내몰아 쉬노라면 감정만 더 뒤흔들릴 뿐이다. 그럴 때는 기도를 통해 마음속의 안정감을 찾아 희망의 동력을 상실하지 않았으면 좋겠다.

독일의 신학자인 폴 틸리히는 이렇게 말했다.

"믿음이란 용서받을 수 없는 죄인인 우리를 하나님께서 용서해주셨다는 사실을 받아들이는 것이다."

대개 부모들이 자녀에게 화가 나서 나무랄 때 "너 같은 것이 무엇을 하겠느냐!" 하는 독설을 내뱉는다. 이런 말은 자식에게 열등감을 심어준다. 자녀는 삶의 의욕마저 상실할 정도로 심각한 정신적 충격을 받는다. 치명적이다. 또 듣는 사람 스스로에 대한 믿음까지도 무너뜨리는 악한 말로 사탄이 좋아하는 말이다. "나사렛에서 무슨 선한 것이 날 수 있느냐." 하는 나다나엘의 말도 그렇다. 열등감을 벗어버리지 못하고 빌립을 무시하는 말이다. 이렇게 사탄은 그 사람의 마음속에 열등감을 심어 노예로 삼으려고 한다. 자기 자신의 마음속에 열등감을 심도록 유도하는 것은, 자기 자신을 피폐하게 하는 사탄의 공격 전술임을 잊지 말아야 한다.

온갖 농간과 조롱으로 상처받을수록 주 앞에 가서 내 부족함을 고백하고 도움을 요청하라. 그럴 때의 진실하고 절실한 우리 마음을 하나님께서는 원하신다. 하나님께서는 '어렵고 불가능해!' 같은 열등감으로 생긴 우리의 부정적인 사고들을 하나둘 어루만져주신다. 그렇게 해서 새롭게 싹트는 긍정적인 생각과 희망은 이때까지 부서졌던 나 자신의 모습을 돌아보면서 새로운 삶을 시작하도록 만든다.

내가 지금까지 상담한 이들 중에는 신앙생활을 하면서도 뭔가에 얽매여 자신의 꿈을 포기한 채 고통을 겪은 사람들이 많았다. 그들은 열등감에 대한 접근 방법으로 예수 그리스도를 더욱 깊이 만났고 그 후 삶이 달라졌다고 했다. 열등감이란 것도 이렇듯 잘 쓰면 약이 된다는 사실을 새삼스럽게 실감할 수 있었다.

희망은 등불처럼 자신을 태워 절망을 뒤집는 아름다운 마음의 상태다. 그런데 희망이 있는 사람은 환상 없이 버틸 수가 없다. 그래서 앞으로 더 나아질 거라는 전망이 줄어들었음에도 희망을 완전히 포기하지 않는 이가 아름다운 것이다. 희망은 내가 살도록 해주는 힘이오, 절대로 세상 가운데서 기죽지 않게 해주는 힘이며, 어떤 상황에서라도 내 안에 존재하는 힘이다.

그럼 어디서 희망이라는 힘을 얻을 수 있을까? 나는 예수께서 나 같은 사람들을 위해 죽으신 십자가의 고통을 체험할 때 힘이 생긴다. 나다나엘은 무화과나무 그늘에서 묵상하고 기도할 때 힘을 얻었다.

기도는 우리가 하나님과 함께하도록 해준다. 내가 부족함을 느낄 때가, 곧 하나님을 만날 시간이다. 바로 그때 하나님께서는 절망적인 세상에서 나를 구원해주신다는 사실을 깨닫게 된다. 그런데 하나님의 도움을 받으려면 방해받지 않고 기도할 수 있는 나만의 은밀한 곳이 필요하다. 그래서 어떤 사람은 빈방을 기도장소로 마련하고, 또 어떤 가족은 기도실의 벽을 막아 조용한 분위기 속에서 하나님과 교제한다.

나다나엘은 묵상하고 기도하는 열성 이상으로 『성경』을 연구했다. 그는 메시아의 약속을 확인하려고 『구약성경』을 공부했으며, 많은 시간 동안 율법과 역대 선지자들을 연구했다. 그래서 그런 사실을 아는 빌립이 예수를 만난 뒤에 찾아왔을 때 "모세가 율법에 기록하였고 여러 선지자가 기록한 그이를 우리가 만났으니, 요셉의 아들 나사렛 예수니라"(요한복음 1:45). 하고 나다나엘에게 말했다.

> 너희가 성경에서 영생을 얻는 줄 생각하고 성경을 연구하거니와 이 성경이 곧 내게 대하여 증언하는 것이니라
>
> 요한복음 5:39

아는 만큼 보이며, 배운 만큼 힘이 생긴다고 했다. 하나님에 대한 지식이 쌓이면 하나님께서 우리와 하신 약속에 대한 믿음도 깊어진다. 하나님의 말씀에 대해 깨달을 때 나의 신앙은 '생명을 갖춘 행동하는 신앙'으로 변화된다. 하나님의 말씀을 아는 것이, 곧 힘이라는 사실을 깨달아야 열등감을 극복하고, 나아가 열등감을 행복을 부르는 에너지로 사용할 수 있다. 즉, 하나님의 말

씀을 통하여 열등감을 극복하는 데 필요한 도움을 얻을 수 있다는 것이다.

반면에 『성경』을 공부하지 않으면 자칫 기독교에 대한 오해와 편견을 갖게 된다. 그러면 엉뚱하게도 『성경』의 내용을 자의적으로 해석하고 더 나아가 자신의 행동을 정당화시키는 우를 범하고 만다. 오로지 자신이 벌이는 행위를 정당화하기 위해 『성경』을 사용하고, 그로써 오히려 자신의 열등감을 정당화시키는 오류마저 범하게 되는 것임을 꼭 기억하라.

나다나엘처럼 말씀을 읽을 때, 말씀을 묵상할 때 희망이 남아있는 것이다. 우리가 처한 환경으로 인하여 절망하고 두려워할 때도 '괜찮아, 다 잘 될 거야.' 하는 긍정적인 믿음으로 바라볼 때 길을 찾을 수 있다. 믿음으로 열등감을 극복하겠다는 의지를 갖는다면 절망감에서 벗어나게 된다. 말씀을 읽는다는 건 행복을 받아들이기 위한 첫걸음이다. 열등감을 극복할 힘과 능력은 이미 하나님께서 우리에게 허락하셨다. 그래서 나다나엘도

『성경』을 보면서 그리스도를 찾았다. 그분이 하나님의 아들이심을 믿을 때 절망을 극복하고 승리와 기쁨 그리고 희망의 가능성을 찾을 수 있음을 깨달았다.

우리도 나다나엘처럼 열등감을 극복하고자 힘을 기울인다면, 하나님께서 내려주시는 보상이라는 은혜를 받을 수 있다. 예수께서는 이러한 나다나엘이 당신에게 오는 것을 보시고 그를 가리키면서, "보라 이는 참으로 이스라엘 사람이라 그 속에 간사한 것이 없도다"(요한복음 1:47), 하고 말씀하셨다. 상대방을 안심시키고 위로해주는 척하지만 나름대로 숨겨진 의도를 가진 자에게는 진실함이 없기에 하신 말씀이다.

열등감에 찌든 사람들을 보라, 얼마나 간사한지 모른다. 교활하고, 오로지 남의 눈치나 살피고, 남을 속이는 말만 하고, 칭찬에는 속임수가 담겨있고, 진정성이라곤 찾아볼 수가 없다. 『성경』에서는 이를 '진리에서 벗어난 행위'라고, '하나님을 믿지 않으며 두 마음을 품고 불의를 행하는 것'이라고 질타한다. 교회 안에도 이와 같은 간사함이 있기에, 자칫 평범한 사람들은 그들의 사냥감이 되기도 한다. 오늘 나타나고 있는 한국 교회의 갈등과 분열도 결국 구성원들 스스로 자신의 열등감을 극복하지 못해 서로 이간질을 한 결과일지 모른다. 『성경』에서도 이와 비슷한 사례들이 있으니 다음과 같다.

❶ 최초의 인류인 아담(그리고 하와)을 속여 시험에 빠뜨린 사탄(창세기 3:15).

❷ 회담을 빌미로 느헤미야를 속여 살해하려 했던 산발랏(느헤미야 6장).

❸ 예수를 올무에 걸기 위해 온갖 술책을 다 동원한 종교 지도자들(마태복음 22:15-17, 22:24-28, 마가복음 12:13-14, 12:18-23).

『성경』에는 이들이 저주를 받고 영원히 멸망 당할 것(베드로후서 2장)이라고 했다. 하지만 나다나엘은 교활하게 행동하거나 남을 속이지 않았다. 오히려 천진난만했다. 그는 남을 의심하거나 상대방의 숨겨진 의도를 파악하려고도 하지 않았다. 주위를 둘러보라. 온갖 위선으로 가득 차 있는 사람들이 주변에 도사리고 있다. 그들이 언제 어디로 튈지 모른다. 나를 둘러싸고 있는 사람 중에 주머니 속의 돈이라도 꺼내줄 듯이 좋은 말만 골라 아부하기를 잘하는 자가 어떤 사람인가 더 많은 주의를 기울여야 한다. 그런 사람은 자신의 목적만 생각할 뿐이다. 그렇기에 예수께서도 그러한 부류인 바리새인들의 교활함과 위선에 진노하여 꾸짖으셨다.

아이러니하게도 나다나엘은 예수를 만나기 전에는 지역적 편견을 가졌고 자기도 모르는 습관적인 지역 비하로 열등감을 가지고 있었다. 그러나 예수를 만남으로써 나다나엘의 생각과 의식은 새롭게 변하기 시작했다. 결국 나다나엘도 믿음의 변화로 "랍비여, 당신은 하나님의 아들이시요, 당신은 이스라엘의 임금이로소이다"(요한복음 1:49). 하고 고백하기에 이르렀다.

나다나엘처럼 자신의 약점이나 단점 그리고 열등한 부분들을 숨김없이 솔직하게 드러내는 것은 결코 부끄러운 일이 아니다. 오히려 그것들을 숨길 때에 열등감

예수 승천

이라는 병이 나며, 가증스러운 말과 행동마저 일삼게
된다. 그러니 설령 부끄러울지라도 솔직하게 문제를 인
정하고서 마음을 열어놓아야 한다. 결코 그 어떤 것도
감출 게 아니라는 말이다.

솔직한 고백이 성공적인 상호작용을 보장하는 최상
의 방법이다. 하나님은 나에게 많은 관심을 보이신다.
나다나엘에게 그랬듯이 나의 열등함도 나의 우월함처
럼 사랑하고 치료해주신다. 그래서 하나님 나라가 임하
는 모습을 보게 하신다. 나다나엘처럼 이러한 영광을
보는 복된 성도가 되기를 간절히 기도한다.

지역적 편견으로 상대를 무시하는 열등감

☺ 편견은 상대를 과소평가하거나 과대평가해 사실을
   사실대로 보지 못하게 한다.
☺ 편견은 사람의 마음을 닫아버리고 눈을 어둡게 한다.
☺ 무심코 던진 말 한마디, 당신의 인격이다.
☺ 말은 그 사람의 됨됨이와 품격을 가늠하는 가늠자이다.
☺ 까칠한 말투는 상대를 주눅 들게 만든다.

(with)

✞ 기도를 위한 참고 성구 : 잠 12:8 ; 행 13:41

사람은 그 지혜대로 칭찬을 받으려니와 마음이 굽은 자는 멸시를 받으
리라 (잠 12:8)

일렀으되 보라 멸시하는 사람들아 너희는 놀라고 멸망하라 내가 너희
때를 당하여 한 일을 행할 것이니 사람이 너희에게 일러줄지라도 도무지
믿지 못할 일이라 하였느니라 하니라 (행 13:41)

✝ 타인을 멸시하고 함부로 대하는 나를 위한 기도

✝ 하나님께 드리는 감사기도

07

도마

·
·
·

눈으로 보지 않으면 믿지 않는
의심이 가득한 열등감

·

질문 잘하는 제자

열두 제자 중의 하나로서 디두모라 불리는 도마는 예수께서 오셨을 때에
함께 있지 아니한지라 다른 제자들이 그에게 이르되 우리가 주를 보았노라
하니 도마가 이르되 내가 그의 손의 못 자국을 보며 내 손가락을 그 못 자국에
넣으며 내 손을 그 옆구리에 넣어보지 않고는 믿지 아니하겠노라 하니라

요한복음 20:24-25

「마태복음」에서 일곱 번째 사도로 나오는 '도마'의 이름 뜻은 '쌍둥이' 또는 '소리'를 뜻한다. 도마는 '의심 많은 사람' 또는 '증거를 볼 때까지 믿지 않는 고집쟁이' 같은 평을 들었다.

사실, 도마 같은 쌍둥이에게는 출생서열에 따라 서로 시기하고 다툴 가능성이 일반적인 아이들보다 훨씬 높다. 에서와 야곱 쌍둥이 형제를 떠올려보라. 쌍둥이 형제간의 태어날 때부터 계속된 갈등과 경쟁은 아마도 도마로 하여금 의심을 많이 하는 사람으로 자라나도록 영향을 행사했을 것이다.

도대체 시기심은 왜 생기는 것일까? 설명하기 어려운 부분인데 부정적인 기능만 있는 것이 아니라 긍정적인 기능도 있다. 자신의 가치를 위협하는 요소로 작용할 때, 위협을 받는 자기 가치를 방어하기 위한 보호의 기능이 있다. 이때 자기 가치를 방어하기 위해 '어떤 수단을 선택하는가.' 하는 전제 조건에 따라 여러 가지 결과를 초래할 수 있다. 방어 수단으로 비합리적이거나 심지어 불법적인 수단을 선택할 수도 있다. 시기하는 사람이 바로 이런 수단을 선택하면 다른 선택의 여지가 없다. 상대방의 가치가 절하된다. 주변의 여건이 어떠하든 적어도 본인은 그렇게 생각하고 있다고 주장하니 대안이 없다.

너희는 마음에 근심하지 말라 하나님을 믿으니 또 나를 믿으라

요한복음 14:1

도마는 갈릴리 출신의 어부로 강직한 성격의 소유자였다. 하지만 그에게는 의심하는 성격도 있었다. 이는 정직한 진리를 알기 위한 과정이었다. 도마는 의심하는 것을 참지 못하고 질문을 해서 확실하게 답을 얻고 나야 진리를 따랐다. 이런 성격은, 궁금하거나 이해하지 못하는 것을 무조건 믿고 넘어가는 것이 아니라 확인하는 이성적인 냉철함을 보여준다.

도마는 우울증에 시달렸다. 사물의 어두운 면만을 보는 염세주의자였으며, 이중적이기까지 했다. 건강이 좋지 않았음에도 충실하고 용기 있는 사람이기도 했다. "우리도 주와 함께 죽으러 가자"(요한복음 11:16). 하고 제의한 이도 바로 도마였다. 도마는 죽는 한이 있더라도 주를 따라갈 각오를 했다. 이렇듯 훗날 예수께서 돌아가신 뒤 우물쭈물하던 다른 사도들의 충성심을 집결시킬 용기에 불을 붙인 사람은 지도자 베드로가 아니라 도마였다.

예수께서 십자가에 못 박히시고 돌아가신 후 부활하시어 당신의 제자들이 숨은 곳에 나타나셨을 때였다.

공교롭게도 그 자리에는 도마가 없었다. 예수께서는 당신이 유령인 줄 알고 놀란 제자들을 안심시키기 위하여 손발의 못 자국과 옆구리의 창 자국을 보여주셨다. 그 상처들이 너무도 선명했기에 제자들은 예수께서 나타나셨다는 사실을 도마에게 자세히 말해주었다. 그러나 깊은 회의에 빠져있던 도마는 "내가 그의 손의 못 자국을 보며 내 손가락을 그 못 자국에 넣으며 내 손을 그 옆구리에 넣어 보지 않고는 믿지 아니하겠노라 하니라"(요한복음 20:25). 하고 말했다. 도마는 '오로지 내가 직접 보고서 확인해 봐야 믿겠다'라는 실증적인 방법을 고집한 것이다.

그러자 예수께서는 일부러 도마를 찾으시더니 "네 손가락을 이리 내밀어 내 손을 보고 네 손을 내밀어 내 옆구리에 넣어 보라. 그리하여 믿음 없는 자가 되지 말고 믿는 자가 되라"(요한복음 20:27). 하고 말씀하셨다. 그제야 도마는 무릎을 꿇고 "나의 주님이시요 나의 하나님이시니이다"(요한복음 20:28). 하고 울며 고백했다. 도마의 고백은 예수를 하나님으로 완전하게 인정했음을 의미하는 것이니, 이는 이전에 있었던 다른 제자들의 어떤

십자가에 못 박혀 돌아가신 예수

형태의 인정보다도 더욱 분명하고 훌륭한 행동이다. 도마의 음울한 의심이 확신으로 변하는 이 순간 빛나는 믿음으로 즉시 바꿀 수 있었다.

> 도마가 이르되 주여 주께서 어디로 가시는지 우리가 알지
> 못하거늘 그 길을 어찌 알겠사옵나이까 예수께서 이르
> 시되 내가 곧 길이요 진리요 생명이니 나로 말미암지
> 않고는 아버지께로 올 자가 없느니라
>
> 요한복음 14:5-6

앞서 언급했듯이 도마는 뜨거운 열정을 가졌으면서도 침울하고 어두운 그늘이 깔린 사람이었다. 아들러는 저서인 『인간이해』에서, 한 인간의 행동을 통해 그가 낙관적인지 비관적인지 알 수 있다고 했다. 낙관적인 사람은 매사에 솔직하고 자유롭게 말한다. 내성적이지 않기 때문에 감정을 솔직하게 표현하고, 다른 사람을 의심하지 않기에 친구를 사귐에도 어려움이 없다. 다른 사람을 맞을 마음으로 항상 두 팔을 벌리고 있는 모습은 높은 자신감이나 자기 확신의 표현이다.

인간은 누구나 불안감을 느낀다는 공통점이 있다. 그런데 인간을 불안하게 하는 의심이나 구체적인 위협은 저마다 느끼는 정도가 다르다. 의심하기 시작하면 끝이 없다. 하나가 해소되면 또 하나의 의심이 꼬리에 꼬리를 물고 생겨난다. 도마처럼 마음이 어두울수록 의심은 더 커지고 더 많이 생긴다. 의심은 불신에서 생긴다. 그리고 불신은 자신의 능력을 반복적으로 의심하는 행위에서 생긴다. 그렇다고 의심을 억누를 필요는 없다. 현실적으로 눈에 보이거나 손에 잡히지 않으면 믿으려고 하지 않는 것이 사람이 아니든가. 의심의 뿌리는 내가 처해 있는 현실, 그리고 내가 되려는 것에 대한 주변 혹은 세상 사람들의 평가와 반응이다. 특히 실패한 경험이 많을수록 자신의 가치를 확신하지 못하거나 아예 불신하게 된다.

그러므로 불신하지 않고 목표를 달성하려면 반드시 나아가야 할 방향을 분명하게 설정하고, 성공을 확신하도록 도와주는 긍정적이고 합리적인 증거들을 본인이 직접 확인해야 한다. 도마가 예수의 손발 못 자국과 옆구리의 창 자국인 성흔聖痕을 직접 보고 만져봤듯이 말이다.

사실, 인간의 마음은 행동 방식과도 밀접한 관계를 맺고 있지만, 정신이 나누어져 있기에 일관적인 행동을 못 한다. 제2차 세계대전 당시 미국 육군성 장관이던 헨리 L. 스팀슨은 다음과 같이 말했다.

　"긴 인생을 살면서 내가 배운 가장 큰 교훈은, 누군가를 믿을 만한 사람이 되게 하려면 그를 신뢰해야 한다는 것이다. 누군가를 믿지 못할 사람으로 만드는 가장 확실한 방법은 그를 불신하고, 그 불신을 드러내기까지 하는 것이다."

　앞에서 말한 대로 정신이 나누어져 있어 일관적인 행동을 못 하다 보니 나 자신조차 믿기가 어렵다. 그러니 다른 사람을 어떻게 믿겠는가. 예수는 도마가 당신의 부활을 믿게 하기 위해 도마로 하여금 당신을 직접 보고 당신의 상처들을 자기 손으로 직접 만져보게 하셨다. '이유 없이 그냥 못 믿는 사람'이 있는가 하면, '이유 없이 그냥 신뢰가 가는 사람'도 존재한다.

이런 이유로 도마를 의심 많은 제자라고 하는 이들도 있다. 하지만 도마는 단지 강한 호기심을 가진 사람이었을 뿐이었다. 도마는 의심과 질문을 통하여 자신에게 스스로 솔직해짐으로써 예수를 향한 믿음을 실천한 것이다. 그리고 솔직한 의심의 과정을 통과하면서 굳은 믿음을 갖게 된 도마는, 결국 먼 인도까지 가서 복음을 전하고 순교한 사도가 되었다.

행함이 없는 믿음은 그 자체가 죽은 것이라 어떤 사람은 말하기를 너는 믿음이 있고 나는 행함이 있으니 행함이 없는 네 믿음을 네게 보이리라 하리라

야고보서 2:17-18

신앙은 눈으로 보여주고, 손으로 만지게 하고, 귀로 듣게 해주는 그런 감각의 대상이 아니다. 그리스도인은 믿음을 가지고 행할 것을 요구받는다. 객관적인 이유로 뒷받침해줄 수 있는 나름의 논리와 신뢰할 만한 진정성 있는 판단의 근거를 충분히 준비하지 않으면 불신의 원인만 키우게 된다. 질문에는 답을 구할 수 없는 것들이

너무 많다. 그러니 차라리 아는 것은 알고, 모르는 것은 모른다고 속 시원하게 털어놓는 것이 낫다.

지식은 '하나를 알아도 확실하게 아는 것'이 낫다. 아이러니하게도 세상 사람들은 도마처럼 질문이 많은 사람을 흉보며 무시한다. 하지만 정작 알고 보면 도마와 달리 솔직하게 물어보지 않고 무조건 믿으려는 사람이야말로 커다란 부끄러움을 느껴야 한다.

그리스도인의 믿음은 예수께서 누구신지 아는 것으로 충분하다. 하지만 우리는 주의 사역이 죽음 저편에까지 미친다는 사실을 이해할 능력이 없다. 그래서 의심으로 가득한 열등감에 시달리기까지 했던 도마가 자신의 의심을 드러내면서 예수께 질문하지 않았더라면, 또 예수께 성흔을 확인시켜 달라고 하지 않았더라면, 오늘날의 우리가 예수 그리스도에 대해 아는 척하고 넘어갔을 것이 한두 가지 아니다. 결국 예수께서 직접 도마에게 대답하시고 성흔을 확인시켜 그의 의심을 풀어주심으로써 우리는 예수께서 정녕 부활하셨음을 완전하게 믿을 수 있게 됐다.

　의심이 있다는 것은 그것을 해결하기만 하면 좀 더 자신의 발전 가능성이 커질 수 있다는 증거다. 만약 도마의 '의심으로 가득한 열등감'이 우리에게 있다면 우린 그걸 행복하게 여겨야 한다. 의심이 없다면 문제를 해결하려는 노력도 없다. 언제까지나 그 상태, 그 수준에 머무를 수밖에 없다. '의심하다니 난 열등한 사람이야.' 하고 생각하지 말고 '의심이 나서 질문을 하는 바람에 문제가 해결됐어. 고마워.' 하고 말할 수 있기 바란다. 한결 긍정적이고 즐거운 마음이 될 것이니까.

열등감 극복하기 ⑦

의심으로 가득한 열등감

☺ 의심을 가라앉히는 기술은 믿음이다.

☺ 때로는 보지 않고 믿을 때 새로움이라는 믿음을 불러
  올 수 있다.

☺ 의심은 모든 사람 앞에서 내면 세계의 혼란을 드러
  내는 것이다.

(with)

✝ 기도를 위한 참고 성구 : 마 14:31 ; 눅 24:38 ; 롬 4:20 ; 약 1:6

  예수께서 즉시 손을 내밀어 그를 붙잡으시며 이르시되 믿음이 작은
  자여 왜 의심하였느냐 하시고 (마 14:31)

  믿음이 없어 하나님의 약속을 의심하지 않고 믿음으로 견고하여져서
  하나님께 영광을 돌리며 (롬 4:20)

  오직 믿음으로 구하고 조금도 의심하지 말라 의심하는 자는 마치 바람에
  밀려 요동하는 바다 물결 같으니 (약 1:6)

✝ 의심이 가득한 나를 위한 기도

✟ 하나님께 드리는 감사기도

08

마태

·
·
·

세리라는 직업에 대한 열등감

·

세관을 박차고 나온 제자

예수께서 마태의 집에서 앉아 음식을 잡수실 때에 많은 세리와 죄인들이
와서 예수와 그의 제자들과 함께 앉았더니 바리새인들이 보고 그의 제자들
에게 이르되 어찌하여 너희 선생은 세리와 죄인들과 함께 잡수시느냐 예수
께서 들으시고 이르시되 건강한 자에게는 의사가 쓸 데 없고 병든 자에게
라야 쓸 데 있느니라 너희는 가서 내가 긍휼을 원하고 제사를 원하지 아니
하노라 하신 뜻이 무엇인지 배우라 나는 의인을 부르러 온 것이 아니요 죄인을
부르러 왔노라 하시니라

마태복음 9:10-13

알패오의 아들인 마태는 이름이 두 개였다. 첫 번째 이름은 '레위(연합하다)'였고, 훗날 사도가 된 뒤에는 마태였다. '마태'라는 이름은 예수께서 지어주셨다. 「마태복음」의 저자로 알려진 인물로 예수가 뽑은 열두 사도 가운데 한 사람이다. 「마가복음」과 「누가복음」에서 그는 사도들 가운데서 일곱 번째, 「마태복음」과 「사도행전」에서는 여덟 번째에 자리를 잡고 있다.

다른 복음서 기자들은 경멸받는 마태의 직업을 점잖게 표현했으나, 마태는 자신이 세리, 더군다나 세리들의 우두머리인 세리장稅吏長이라고 대놓고 기록했다. 이 당시 세리의 일은 유대 왕국을 식민 지배하던 로마제국을 대신하여 세금을 징수하고 밀수품을 색출하는 일이었다. 이 과정에서 로마제국이 규정한 것보다 더 많은 세금을 부당하게 징수하거나 뇌물을 받아 재산을 모았던지라, 세례 요한은 세례를 받은 세리들에게 "부과된 것 외에는 거두지 말라"(누가복음 3:13)고 했다.

세리들은 민족반역자나 추악한 거짓말쟁이로 취급당했다. 좋게 봐줘도 '로마제국과 야합하는 이방인'이고, 심지어 매춘여성이나 문둥병 환자나, 혹은 정직하게 일하는 사람들의 돈을 뺏는 조직폭력배와 한데 묶어 취급당하기도 했다. 그래서 세리는 재판정에서 증언할 자격을 얻지 못했으며, 일반 죄인을 조롱할 수도 없었다. 유대교 회당에 들어가는 것도 허락받지 못했으며, 세리의 돈은 사제가 연보로 받지도 않았다.

이렇듯 경멸받는 자신의 직업에 대해 털어놓으면서 마태는 "나는 더 이상 경멸받는 직업에 종사할 수 없습니다.

바리새인과 세리의 기도

당신의 제자로서, 사도로서 활동하고 싶습니다!" 하고 예수께 고백한 것이다. 황금에 유혹당해 양심을 팔고 조국과 민족을 배신했으며, 종교적 권리마저 박탈당했지만 그 대가로 막대한 재산을 축적할 수 있었던 그가 예수 앞에서 회개한 것이다.

　가버나움은 예수의 활동 중심지였다. 그래서 가버나움에서 살고 있었던 마태도 예수에 대한 이야기를 여러 차례 들었다. 가버나움에서 예수께서는 베드로의 장모 병을 고치셨다. 그 덕분에 베드로의 집 앞에는 병자들이 줄을 섰다. 그러던 어느 날 마태는 형제와 사촌들과 함께 시몬이 예수를 따르기 위하여 자신의 고기잡이 직업을 포기했다는 이야기를 들었다. 사실, 마태도 세리라는 직업에 따른 심각한 열등감에 시달렸다. 그래서 기회만 온다면 그 일을 그만두려고 했다. 「마가복음」 2장 3~5절을 보면, 마태는 예수께서 도저히 움직일 수조차 없는 중풍환자를 "작은 자야, 네 죄 사함을 받았느니라." 하고 말씀하심으로써 치유하시는 것을 보고 자신에게 그런 기회가 왔음을 깨달았다. 예수의 말씀에 마음이

요동치면서 자신의 삶을 돌아보고 전환점에 다다른 것이다.

이런 마태가 '세상 사람들에게서 경멸받는 세리인 나를 예수께서 받아주실까?' 하고 고민할 때였다. 마태는 자신의 세관 사무실에 나타나신 예수를 만났다. 마태는 예수께서 자신의 행위가 가증스럽고 악랄한, 동족의 피를 빨아먹는 흡혈귀 같은 행위라고 질책하실 줄 알았다. 그러나 주는 별다른 말씀을 하지 않으시고 "나를 따르라"(마태복음 9:9). 하는 말씀만 하셨다. 그 순간에 마태는 "인자가 세상에서 죄를 사하는 권능이 있는 줄을 너희로 알게 하려 하노라"(마태복음 9:6). 하신 말씀을 떠올렸다. 마태의 반응은 즉각적이었다.

그 후에 예수께서 나가사 레위라 하는 세리가 세관에 앉아 있는 것을 보시고 나를 따르라 하시니 그가 모든 것을 버리고 일어나 따르니라

누가복음 5:27-28)

예수께서는 제자를 선택하실 때 기존의 제자들과의 관계를 검토하셨다. 베드로, 안드레, 야고보, 요한, 빌립과 나다나엘은 마태보다 먼저 사도가 된 자들이다. 그러나 마태는 기존의 제자들과는 달랐다. '도덕적 문둥병자'라는 비난과 혐오를 받는 세리장이 아니든가! 민족반역자인 마태를 사도로서 받아들인다는 것 자체가 복잡한 문제와 갈등을 유발하는 일이었다.

하지만 주는 사악한 사람일지라도 용서하셨다. 그 당시에는 '세리장이라는 자들은 도저히 변화될 수 없다'라고 인식되었다. 그런데도 예수께서는 마태를 택하신 후, 그가 변해가는 모습을 다른 사람들이 눈으로 직접 보도록 하셨다. 사실, 마태는 다른 제자들과 달리 용모가 출중했으며, 행정 업무나 회계도 할 수 있는 잘 훈련된 인력이었다. 그래서 '별로 마음에 들지는 않지만, 쓸모는 있고 예수께서도 함께하기를 원하시니 놔두자'라는 생각을 다른 사도들도 했다.

예수의 부름을 받은 직후 마태가 한 일은 예수를 모시고 자기 집에서 큰 잔치를 베풀었다. 그 잔치에는 세리와 다른 사람이 많이 함께 앉아 있었다(누가복음 5:29). 이 잔치는 마태가 이제 자신의 세리 직업을 버리고 예수의 제자로서의 삶을 살 것임을 기념하는 잔치였다. 오직 감사하는 마음을 가지고서 예수를 접대하고, 돈을 쓸 때도 오로지 주를 위해서 사용하겠다는 등 새롭게 거듭난 삶을 살겠노라고 고백하는 행사이기도 했다. 마태는 이렇듯 그의 인생의 목적이 돈이 아니라는 사실을 알아차리고 『신약성경』의 첫째 권인 「마태복음」을 썼다.

이러한 작업의 일환으로써 마태는 유대인들의 시조인 아브라함이라든가 다윗 왕 등의 혈통을 조사하여 가계도를 작성했다. 그는 14대에 걸친 세 그룹을 만들어서 그리스도의 혈통을 밝혔다. 마태는 언어로든, 상징적인 묘사로든 문서로 전도하는 방법을 잘 알고 있었다. 그래서 세금 장부를 작성하던 손으로 붓을 들어 예수의 생애를 증언하기 시작한 것이다.

예수의 족보를 작성하면서 마태는 여태까지 어느 유대

지식인도 노출하기를 꺼려왔던 인물들을 무려 네 명이나 등장시켰다. 그 여인들은 당시 유대인들의 상식으로는 도저히 이해할 수 없는 '불량한 여인들'이었다. 자기 시아버지를 성적으로 유혹한 여인 다말, 몸을 파는 여성이었으며 자신의 나라를 배신한 라합, 미모에 반한 다윗과 간음한 밧세바, 그리고 당시 유대인들이 꺼리던 이방인인 모압 여인 룻 등이었다.

마태는 예수가 성령으로 잉태하여 처녀인 마리아의 몸에서 태어났다는 사실도 알렸다. 결정적인 순간에 주의 천사를 등장시켜서 마리아의 남편 요셉에게 예수 탄생의 의미에 대해 알려주었다. 즉, 예수가 우리를 다스리는 왕중왕이심을 선포한 것이다.

마태는 자신의 직업으로 인한 멸시와 미움을 받았다. 그는 예수를 만나면서 자신의 직업을 버릴 때까지 열등감에 시달려야 했다. 직업에는 원래 귀천이 없다고 한다. 그럼에도 우리 사회는 직업에 귀천을 따진다. 이른바 썩은 생선 냄새 같은 갑질이 만연해 사람을 위아래로 구분하고 있다. 이러한 행위는 마음에 쌓이고 쌓인 직업에 대한 열등감을 폭발시키는 짓이다. 이는 40대 후반에 심해진다. 기반을 잡고 돈이 좀 생기면 자기도 모르게 우쭐거리고 싶어지기 때문이다. 그들은 놀라울 만큼이나 변해 있다. 반면에 당당한 직업이 없거나 궁색하면 사회적 피해의식에 찌든다. 중장년 남성 세대가 주로 저지르는 것이기에 '개저씨(개와 아저씨를 합친 표현)'라는 신조어까지 낳은 갑질은 이렇듯 직업에 대한 열등감이 낳은 사회적 병리 현상으로 매우 심각하다.

그런데 이런 걸 보면 "개구리가 올챙이 시절 모른다"라는 말이 정말 명언이다. 사람은 자신의 어린 시절과 어려울 때의 모습을 감쪽같이 잊어버리려고 한다. 그 시절이 수치스럽고 부끄럽다고 생각하기에 그때 알던 사람들도 만나지 않는다. 실제의 자신이 이상적인 자신을 따라가지 못하면, 그 사람은 이를 수치스럽게 생각하거나 치욕으로 생각하는 것이다.

수치심이란 우리가 실패나 좌절했을 때 동반하는 감정

이다. 지난 과거와 현재의 괴리를 극복하지 못하고 자기가 원하는 삶을 살지 못했을 때, 그 이유를 설명할 만한 합당한 근거를 찾지 못하면 더욱 그러하다. 이상적인 목표나 추구하는 자신의 모습이 어떤지에 따라 수치심의 강도도 달라진다. 자신의 모습을 대단한 사람으로 설정해두었는데 실제의 자신이 형편없어 보이면, 결국 이 사람은 자신을 향해 끊임없이 과도한 요구를 한다. 바로 이 시점에서 심리적으로, 정서적으로 열등감이 발동한다.

이런 사람은 자신이 태어날 때부터 금수저이기라도 한 것처럼, 새로운 환경에서 새로운 사람들과 관계를 맺으면서 갑질을 한다. 한국 사회는 지금 이런 사람들의 '갑질'로 몸살을 앓고 있다. 일선 학교나 관공서는 물론 가정에 이르기까지 모두 열등감에 찌들어 서로가 서로를 향해 위험한 포식자의 갑질을 하고 있다.

갑질을 이대로 놔두면 가정은 붕괴하고 사회는 심각하게 병들며, 모든 인간관계는 파괴된다. 이런 갑질은 없어져야 한다. 갑질을 없애려면 우리 각자가 자신을 정확하게 들여다보는 '자기 분석'을 할 줄 알아야 한다. 즉, 자기 자신을 잘 이해하고 잘 알아야 하며, 자기 자신이 다른 곳에서 억눌려있던 '을'이라는 속성을 지닌 시한폭탄과도 같다는 점을 알아야 한다.

무엇과 무엇이 결합하느냐에 따라 원자폭탄이 될 수도 있고, 수소폭탄이 될 수도 있다. 원자폭탄은 원자의 핵이 쪼개지는 원리를 이용한 것이라면, 수소폭탄은 핵이 합쳐지는 원리다. '열폭'은 '열등감의 폭발'의 준말로, 열 받아 분노가 치밀어 다른 사람을 시기 질투할 정도로 최고조의 감정에 달한 상태를 말한다.

보통 사람들은 화를 내지 않는 평범한 자극에도 열등감에 찌든 사람은 다이너마이트가 폭발하듯이 폭발하고 만다. 자신의 마음속에 있는 열등감의 그림자를 지우려는 마음이 비뚤어진 우월감의 표출인 갑질로 나타나는 것이다. 그럼 왜 열등감은 이런 식으로 표출될까? 어둠 속에 영원히 감춰두고 싶은 내 역사, 이른바 '흑역사黑歷史'가 세상에 드러나는 것을 두려워하기 때문이다. 그래서 나는 열등감을 감추는 것이 위험하다고 말하고 싶다.

자신의 열등감을 솔직하게 털어놓으면 마음이 훨씬 편해진다. 하지만 사람들은 열등감을 쉽게 털어놓지 못한다. 심지어 어떤 사람들은 별것도 아닌 과거 행동으로 인하여 스스로 죄인 취급하며, 주변 사람들의 눈치를 보면서 비굴하게 행동하기까지 한다. 서로를 배려하고 존중하고 사랑하는 마음으로 언제 바뀔지 알 수 없다. 이는 자신이 좀 더 우월한 위치에 있을 때 고려하지 못했던 갑질과 허세와 허풍과 허언증 같은 사회적 열등감의 표시로 나타난다. 마치 대마초나 헤로인이라도 한 자들처럼 마음의 심지가 사라진다. 더 놀라운 사실은 타인이 자기에게 열등감을 폭발하는 것을 즐기는 사람도 있는데, 이것을 심리학에서는 우월감을 과시하고 싶은 인간의 심리로 보고 있다.

사회적 열등감의 대표적 사례는, 갑의 위치에서 상대방에게 삿대질하고 비방하며, 끌어내리는 것이다. 미친개에게 물리면 미칠 수밖에 없다. 열등감이 가득해 갑질을 하는 자에게 시달리기 시작하면 그 순간 모든 것이 끝이다. 그럼에도 자기 눈앞에서 그러한 일이 벌어지는 것을 다들 방관한다. 아무도 정의를 위해 나서지 않는다. 그들 역시 사회적 열등감에 사로잡혀있기에 '공의와 정의가 중요하다지만, 올바른 소리를 낸다면 나도 죽을 것야!' 하면서 입을 다문다. 심지어 그런 갑질을 하는 자들의 편을 들기도 한다.

한국의 교회도 마찬가지다. 목회자와 전도사 등 사람 자체에 너무 의존한다. 권력을 가진 자들에게 맹목적으로 복종한다. 그러다 보니 일부 대형교회 목회자들은 한국 사회를 이끄는 영적 지도자의 자격을 잃어버렸다. 어떤 의미에서 그들은 하나님의 영광을 가로채는 일을 열심히 하는데 눈이 벌건 자들이기도 하다. 오죽하면 목회자가 새로운 인기 직종으로까지 떠올랐겠는가! 그들로 인해 교회의 외형적 성장이 정체되고 있다 해도 과언이 아니다. 이들로 인해 교회는 빛과 소금의 역할을 잃어버린 지 오래이다. 오히려 믿음 없는 사람들, 혹은 믿음을 버린 사람들에게 짓밟히는 열등감의 대표적 기관이 되어 버렸다.

좀 가혹한 말이겠지만 '모든 길은 로마로 통한다'라고 했다. 오늘날 한국에서는 정치판에 줄을 대는 것도 교회를 통해 이루어진다. 교회는 더 이상 성령을 증거하고 환영하고 모셔 들이기보다는, 세상의 명예와 권세 있는 자들을 더 환영하고 최고로 모셔 들이느라 정신이 없다. 교회는 이제 '수고하고 무거운 짐을 진 자들'의 짐을 대신 맡아주는 일에는 관심이 없다.

대형교회의 친절한 영상 시스템은 방송국과 비교할 정도로 빛이 난다. 그러니 병든 자들이 그런 대형 교회의 목회자를 찾아가 안수를 받고 금식할 이유가 있겠는가. 목회자라면 당연히 말씀과 기도, 그리고 병을 고치고 은혜를 베푸는 일에 전념해야 할 텐데, 오히려 유명한 병원의 주치의나 소개해주고 있을 뿐이다. 설교는 개그 프로그램을 따라하기 바쁘다. 개그 프로그램은 웃기기라도 하지만, 그러한 설교는 믿음을 구하러 교회에 들어

온 일반인들을 웃기지도 못한다. 목회자의 팬덤에게만 인기를 끈다. 신유 은사에 관한 설교는 『신약성경』에나 나오는 호랑이 담배 먹던 이야기처럼 되어버렸다.

　이런 모든 행위는, 목회자가 자신이 가지고 있는 열등감을 감추고 다른 것으로서 보상을 받으려고 하는 불필요한 행동이다. 마태가 한때 몸을 담았던 세리처럼 말이다. 그들은 세상의 것들에 더 많은 관심을 두고, 교회 속에서 세상을 상대로 장사하여 수익을 내는 데 열중하고 있다. 그렇게 장사한 수익금으로 선교를 하려고 한다고? 세리장 시절의 마태와 그의 동료 세리들도 비웃을 일이다.

　세상의 멸시와 천대를 받으며 항상 열등감에 찌들어 사는 세리에서 하나님 나라 복음을 전파하는 사도로 변화된 마태는 오늘날 우리 사회에서 버림받고 소외당한 사람들에게 인생의 새로운 지표를 제시해주고 있다. 또한 세상의 썩은 재물을 포기하고 영원한 하늘나라의 백성으로 사는 마태는 세상의 모든 사람들에게 하나님의 말씀을 들려줌으로써 생명의 길로 돌아올 것을 촉구하고 있다.

우리에게도 마태같이 자신을 얽어매는 사슬이 있지 않을까. 예수의 십자가 희생으로 사탄의 속박에서 이미 해방된 우리이지만, 어떤 맹목적인 신념과 규정으로 우리가 스스로 다시 속박되고 있지는 않은지 한번 성찰해 보자.

직업에 대한 열등감

☺ 어떤 직업이든지 일한다는 것은 부끄러운 것이 아니다.

☺ 하찮은 일을 한다고 품위가 떨어지는 것은 아니다.

☺ 내 일에 창피함이란 없다.

☺ 평생 허드렛일을 했다고 삶까지 그런 것은 아니다.

☺ 직업은 옳고 그름도, 맞고 틀림도 아닌 '일' 그 자체일 뿐이다.

(with)

✝ 기도를 위한 참고 성구 : 시 142:6 ; 롬 12:4 ; 고후 4:1

나의 부르짖음을 들으소서 나는 심히 비천하니이다 나를 핍박하는 자들
에게서 나를 건지소서 그들은 나보다 강하니이다 (시 142:6)

우리가 한 몸에 많은 지체를 가졌으나 모든 지체가 같은 기능을 가진
것이 아니니 (롬 12:12)

그러므로 내가 그리스도를 위하여 약한 것들과 능욕과 궁핍과 박해와
곤고를 기뻐하노니 이는 내가 약한 그 때에 강함이라 (고후 12:8-10)

✝ 하찮은 일을 하는 나를 위한 기도

✝ 하나님께 드리는 감사기도

09

알패오의 아들 야고보

.
.
.

작은 키와 미미한 활동으로 인한 열등감

.

작으나 꼭 필요했던 제자

멀리서 바라보는 여자들도 있었는데 그 중에 막달라 마리아와 또 작은
야고보와 요세의 어머니 마리아와 또 살로메가 있었으니

마가복음 15:40

『성경』에는 '야고보'라는 이름의 사람이 많이 나오는데, 그중에 대표적인 사람이 셋 있다.

　첫째는, '예수의 3대 수제자 중의 하나'로 불리는 세베대의 아들이자 사도 요한의 형인 야고보다. 그는 예수의 제자들 중에서 가장 먼저 순교했다. 둘째는, 예수의 동생 야고보인데, 그는 예수께서 부활하시기 전까지 예수를 믿지 않았다. 그러나 예수의 부활 사건을 목격한 뒤부터 믿은 뒤 예루살렘 교회의 지도자가 되었으며,『신약성경』의 「야고보서」를 기록했다. 셋째는, 알패오의 아들 야고보인데, 예수의 아홉 번째 제자다(마태복음 10:2).
이렇듯 '야고보'라는 사람이 예수의 열두 제자 중에 두
사람이나 있기에, 이 두 사람을 구별하기 위해서 각각
아버지의 이름을 붙여 '세베대의 아들 야고보'와 '알패
오의 아들 야고보'로 구분했다.

   '알패오의 아들 야고보'의 어머니는 예수를 따르던
여러 여인들 중의 한 사람인 마리아였다. 그녀는 복음
서에서 예수의 무덤을 지킨 여인으로 나오는데, 그런
점을 보면 역시 그녀는 예수의 영광뿐만 아니라 십자가
의 현장을 지킨 신실하고 충성된 일꾼이었음을 알 수
있다.

   '알패오의 아들 야고보'는 '작은 야고보'라는 별명으
로도 불렸다. 우리나라에도 '철수'라는 이름이 흔하다
보니 한 학급에 동명이인이 있다면 '키 큰 철수'와 '키
작은 철수'로 구분해서 부르지 않는가. 그런데 이때 '작은
철수'는 '작은 철수'라고 부르면서 '큰 철수'는 그냥 '철수'
라고 부른다. '공부 잘하는 철수'와 '공부 못하는 철수'가 있

을 때, 후자에게만 앞에 '공부 못하는'을 붙여서 부른다. 잘생긴 아이와 못생긴 아이가 있을 때도, '못생긴 애'라고 꼭 찍어서 부른다. 부정적인 것을 부각시키려는 마음이 무의식적으로 드러나는 것이다.

'알패오의 아들 야고보'가 '작은 야고보'로 불리게 된 것도 '세배대의 아들 야고보'보다 키가 작아서 혹은 나이가 적어서가 아니었을까 주장하는 학설이 있다. 이렇게 비교를 당했으니 '알패오의 아들 야고보'에게는 열등감이 쌓일 수밖에 없었다. 그래서일까? '세배대의 아들 야고보'가 예수의 수제자로서 첫 번째 순교자가 된 데 비해, '알패오의 아들 야고보'의 활동은 거의 드러나지 않았다. 학자들 중에는 '세배대의 아들에 비해 그 활동이 미미했기에 작은 야고보라 불리는 것은 아닐까.' 하고 주장하는 이들도 있다.

'작은 자'라고 불리면 부정적 가치관이 마음속에 담겨 있을 가능성이 높다. 즉, '작다'고 평가받는 것은 개인에게 상당한 콤플렉스를 심어준다. 키가 작은 사람은 어릴 때 항상 앞자리에 앉게 된다. 키가 작아 칠판이 보이지 않는다는 데 따른 배려이지만, 정작 당사자에게는 키에 대한 열등감을 심어주는 요인이 될 수 있다.

아들러는 "모든 사람은 우월해지려는 목표가 있으며, 이를 위해 노력한다"고 말했다. 이 말은 목표를 달성할 수 없다는 생각이 들거나 그럴 자신이 없더라도 오히려 절대로 포기하지 않고, 자신의 감정을 최대한 고조시켜 목표에 다가서려고 노력한다는 의미이다. 이른바 '주먹을 꽉 쥐고 이를 악물고서 오기를 부린다'라는 것이다. 키가 작은 자는 남들에게서 '작지만 대단한 사람'이라는 인정을 받기 위해 끊임없이 노력하면서 온 힘을 다 쏟는다. 그래서인지 『신약성경』에 나온 '알패오의 아들 야고보'에 대한 평가도 매우 긍정적이다.

나는 또 다른 '알패오의 아들' 마태가 야고보와 형제였기에 야고보에게 심리적 압박감이 생겼을 수도 있다고 본다. 그래서 이 부분을 조금 더 깊게 들여다보았다. 윌리엄 바클리에 의하면 "마태와 야고보는 형제지만 사상적으로 완전히 대립적이었다"라고 한다. 즉, 형제 중 한쪽은 민족반역자 취급을 받는 세리장이었고, 다른 한 쪽은 로마제국에 협력하는 모든 사람들을 원수로 생각하는 극단적인 민족주의자였다는 말이다. 따라서 이들 형제는 서로 매국노라고 욕하며 등지고 살았을거라고 생각한다.

하지만 둘 다 예수의 제자가 되었다. 야고보는 유난히 조용했다. 야고보는 형제인 마태를 생각하면 '민족'을 언급할 수 없었다. 침묵을 지키며 묵묵히 마태를 따라야 하다 보니 심리적으로 위축될 수밖에 없었다. 그래서 활동이 거의 드러나지 않았던 것이다.

19세기 영국의 대표 시인인 앨프리드 테니슨은 "우리가 자신의 방에 갇혀있는 동안 마귀는 제 마음대로 놀아난다"고 했다. '알패오의 아들 야고보'처럼 자신의 방에만 갇혀있으면 남들의 말을 듣지 못한다. 그러다 보면 시간이 지나면서 자기 안에 빠져들어 독단적이 된다. 상대방을 믿지 못하게 되면서 불신감도 가득해진다. 그만큼

자기애적(自己愛的)인 부분이 커지고, 세상 사람들과 대화
하는 것 자체를 싫어하며, 자기에게 속하지 않는 사람
에게는 친절한 경우가 없다. 오로지 상대방의 충성심을
반복해서 시험한다.

자기애가 강할수록 남을 위할 줄 모른다. 자기의 중요
성을 지나치게 느껴 모든 것이 자기중심적이다. 자기 능력
보다는 비현실적인 자신감이 더 높아 관심의 대상이 되
고자 끊임없이 애쓴다. 내면의 충실보다는 겉으로 보이
는 겉치장에 관심을 보이고, 상대방의 말하는 이야기에
예민하다. 다른 사람이 자신을 비판할 때는 그 사람을
철저하게 무시하거나 아니면 과격한 분노를 표출하고
스스로 열등감, 수치심, 허무감에 괴로워한다.

야고보는 예수와 함께 지내는 동안 항상 보이지 않는
곳에서 조용히 기도하며 열심히 주를 따랐다. '세베대
의 아들 야고보'가 동생인 요한과 함께 각각 예수의 오
른편과 왼편에 앉혀달라고 청원할 때, '알패오의 아들
야고보'는 슬며시 그 자리를 나와 무릎을 꿇고 겸손히

병자들을 고쳐주시는 예수

기도했다. 그래서 고대 유대의 대표적 역사학자인 요세푸스는 "예수의 제자들 중에서 가장 예수를 닮은 제자가 바로 작은 야고보였다"라고 주장했다. '알패오의 아들 야고보'는 스스로 작은 것을 택했고, 스스로 작아짐으로써 겸손해졌다. 그 결과 '가장 예수를 닮은 제자'라는 명성을 얻을 수 있었다.

'알패오의 아들 야고보'는 예수 승천 후에 전도하러 시리아로 갔다. 그는 그곳에 교회를 세웠다. 나중에는 다시 예루살렘에 돌아와 전도하다가 유대인들에게 돌에 맞아 죽임을 당했다. 자신을 드러내지 않고 겸손하게 조용히 활동하다가 예수의 곁에 잠들었다. 과연, 가장 예수를 닮은 면모가 아닌가.

우리도 말없이 기도하고 겸손했던 작은 제자 야고보의 모습에서 스스로 '작아지는 법'을 배워야 한다. 우리는 종종 자기 자신을 위대한 존재라고 착각한다. 매우 위험한 생각이다. 우리는 항상 기도하면서 '하나님을 섬기는 사람으로서 항상 겸손해야 한다'라고 자신을 타이르는 습관을 들여야 한다.

볼품없는 것에 따른 열등감

☺ 볼품없다고 불평하기보다 존재 자체로 감사하라.

☺ 나의 단점을 사랑하라.

☺ 용모를 보는 것보다 마음과 행위를 생각하는 것이
   더 현명하다.

(with)

✦ **기도를 위한 참고 성구 : 마 22:16 ; 눅 20:21 ; 벧전 3:3**

자기 제자들을 헤롯 당원들과 함께 예수께 보내어 말하되 선생님이여
우리가 아노니 당신은 참되시고 진리로 하나님의 도를 가르치시며 아무도
꺼리는 일이 없으시니 이는 사람을 외모로 보지 아니하심이니이다
(마 22:16)

그들이 물어 이르되 선생님이여 우리가 아노니 당신은 바로 말씀하시고
가르치시며 사람을 외모로 취하지 아니하시고 오직 진리로써 하나님의
도를 가르치시나이다 (눅 20:21)

너희의 단장은 머리를 꾸미고 금을 차고 아름다운 옷을 입는 외모로

하지 말고 (벧전 3:3)

✟ 볼품없는 나를 위한 기도

✟ 하나님께 드리는 감사기도

10

가롯이 아닌 유다 혹은
야고보의 아들 다대오

:

이름마저도 불리지 못한 투명인간의 열등감

·

이름도 빛도 없이 주님을 섬긴 제자

가룟인 아닌 유다가 이르되 주여 어찌하여 자기를 우리에게는 나타내시고
세상에는 아니하려 하시나이까 예수께서 대답하여 이르시되 사람이 나를
사랑하면 내 말을 지키리니 내 아버지께서 그를 사랑하실 것이요 우리가
그에게 가서 거처를 그와 함께 하리라 나를 사랑하지 아니하는 자는 내 말을
지키지 아니하나니 너희가 듣는 말은 내 말이 아니요 나를 보내신 아버지의
말씀이니라

요한복음 14:22-24

열두 사도 중에는 '가룟 유다'와 구별되는 또 한 명의 유다가 있다. 그는 '다대오' 혹은 '가룟이 아닌 유다'라고 불렸다(마태복음 10:3, 마가복음 3:18, 요한복음 14:22). 다른 복음서에는 '야고보의 아들'이라고도 기록되어 있다(누가복음 6:16, 사도행전 1:13). 다대오에 관한 어떤 전승에는 그가 아라비아와 메소포타미아에서 전도하다가 바사에서 순교했다고 한다.

다대오는 '가룟이 아닌 유다'라고 불린 것으로도 짐작할 수 있듯이 가룟 유다에게 가려 이름마저 제대로 불리지 못했다. 가룟 유다가 찬양 대신 불평을 하다가 영광 대신 치욕의 열매를 맺었다면, '가룟이 아닌 유다'는 남들 앞에 드러나지 않으면서도 자기 이름값을 다 했던 사람이다.

사실, 하나님은 작은 자를 들어서 큰 자를 부끄럽게 하시고 약한 자를 들어서 강한 자를 부끄럽게 하시며, 무명한 자를 들어서 유명한 자를 부끄럽게 하시는 분이다. 다대오는 조용하면서도 누구보다 사랑이 많았고, 자신보다는 다른 사람을 잘 드러내는 사람이었다. 대인 관계가 원만하여 어느 한쪽 편을 들지 않아도 모든 사람에게 사랑을 받았던 사람이었다.

이렇듯 다대오를 비롯한 열두 사도에게는 저마다 각기 다른 달란트(재능)가 있었다. 우리도 각자 자신의 현재 영향력이 작은 것을 불평하지 말고, 자신의 달란트가 무엇인지 간파하는 게 중요하다. 오히려 남들이 알아주지 않는다는 사실을 현실적으로 지각하고 받아들이는 것이 도움이 된다. 그런 이유로 목적을 상실하고 속 썩을 시간에, 차라리 하나님께 쓰임 받는 사람이 되기 위해 노력하는 게 훨씬 생산적이다. 주와 함께 고난 받을 마음이 없다면 사탄은 부정적인 열등감을 강요할 것이고, 그렇게 되면 그 사람은 자신을 쓸모없는 인간이라고 여기게 된다.

「창세기」 29장에서 남편인 야곱의 사랑을 받지 못했던 레아를 떠올려보라. 그녀는 하나님께서 태를 열어주신 덕에 르우벤, 시므온, 레위 등 세 명의 자식을 낳았다. 그래서 남편으로부터 받지 못하던 사랑을 자식들에게서 받았다. 그럼에도 레아는 여전히 남편의 사랑에 목말라했다. 결국 넷째인 유다를 낳고서야 '내가 이제는 여호와를 찬송하리로다!' 하고 고백하며 자신의 관심을 남편 야곱으로부터 하나님께로 돌렸다. 유다의 이름의 의미가 '찬양'인 것은 그 때문이다.

훗날 르우벤과 시므온과 레위가 죄를 짓는 바람에 야곱은 장자권을 유다에게 주었다. 하나님의 축복이 '찬양하는 자'에게로 옮겨갔다. 그래서 이스라엘이 타

민족과 전쟁을 할 때도 이스라엘의 열두 지파들 중에서 유다 지파는 맨 앞에 서서 하나님을 찬양하며 싸웠다. 전쟁의 승패가 하나님께 있음을 알렸다. 이렇듯 '유다'라는 이름은 영광의 이름이자, 자랑스러운 이름이었다. 이후 유다는 이스라엘 민족에게 흔한 이름이 되었다.

'가룟이 아닌 유다'의 또 하나의 이름인 '다대오'의 의미는 '사랑스러운'이라는 뜻이다. 초대 교회의 교부敎父가 쓴 문서 중에 이 두 명의 유다를 비교한 글이 남아있다.

"또 하나의 유다는 가룟 유다와 여러 면에서 대조를 이루고 있었던 제자이다. 또 가룟 유다가 불평을 하고 있었을 때 이 사람은 찬양하고 있었다."

「마가복음」에 따르면 "예수께서 베다니의 나병환자 시몬의 집에서 식사하실 때에 한 여자가 매우 값진 향유 한 옥합을 가지고 와서 그 옥합을 깨뜨려 예수의 발에 부어드렸다"(마가복음 14장)라고 이야기하는 장면이 나온다. 그러자 가룟 유다는 "그 향유를 300데나리온 이상을 받고 팔아 가난한 자들에게 줄 수 있었겠다." 하고 불평했다. 실은, 가룟 유다의 마음이 가난한 사람들에게 있는 것이 아니라 그 돈에 있었음을 『신약성경』은 기록하고 있다. 그때 다대오는 찬송을 하고 있었다. 사도들이 서로 자기가 더 높다면서 논쟁하고 싸울 때에도 다대오는 말없이 조용하게 한구석에 있었다. 그는 어느 편에도 가담하지 않고 중립을 지켰다. 그래서 다대오는 적이 없었다. 무엇보다 주의 사랑을 받는 제자였다.

이처럼 다대오는 눈에 띄는 제자가 아니었다. 때로는 부족해 보였고 모자라 보이기도 했다. 하지만 자신에게 주어진 사명을 충성스럽게 감당한 제자였고, 무엇보다 주의 사랑을 받는 제자였다. 예수의 열두 제자 중에서 요한이 '적극적인 사랑의 사도'였다면, 다대오는 '조용한 사랑의 사도'였던 것이다. 언제나 떠들썩하지 않게 자신의 자리를 지키면서 다른 제자들을 화목하게 만들었고, 주를 찬양하며 자신의 믿음에 충실한 인물이었다.

최후의 만찬

예수의 이름을 널리 알려야 한다고 주장했던 다대오
는, 결과적으로 자기 자신은 알려지지 않아도 예수 그
리스도의 이름을 널리 알리는 제자가 되었다. 이름은
없었으나 이름값을 하고 간 제자, 유명하지는 않았으나
필요했던 제자로 살았다. 다대오는 진정 큰 자를 부끄
럽게 한 작은 자였다.

　　우리는 그런 다대오의 삶을 닮아갈 필요가 있다. 찬
송하는 삶, 감사하는 삶, 사랑이라는 가치를 실천한 삶
을 살아가는 우리가 되기를 간절히 기도한다.

이름마저도 불리지 못한 투명인간의 열등감

☺ 하나님께서 약한 사람을 택하신 것은 강한 자들을 부끄럽게 하시려는 것이다.

☺ 약한 사람들을 도와주고 또 '주는 것이 받는 것보다 더 행복하다'고 하신 예수의 말씀을 명심하도록 언제나 본을 보이자.

☺ 존재감이 없어 멸시와 모욕감을 느꼈다고 내게 상처만 준 것이 아니라, 다른 방식으로 나의 정신을 성장시켜 주기도 했다.

☺ 이름마저 불리지 못한 투명인간의 내 모습을 있는 그 대로 봐주는 사람이 있어 다행이다.

(with)

✟ **기도를 위한 참고 성구 : 행 20:35 ; 고전 1:27 ; 고후 12:8-10**

범사에 여러분에게 모본을 보여준 바와 같이 수고하여 약한 사람들을 돕고 또 주 예수께서 친히 말씀하신 바 주는 것이 받는 것보다 복이

있다 하심을 기억하여야 할지니라 (행 20:35)

그러나 하나님께서 세상의 미련한 것들을 택하사 지혜 있는 자들을
부끄럽게 하려 하시고 세상의 약한 것들을 택하사 강한 것들을 부끄
럽게 하려 하시며 (고전 1:27)

이것이 내게서 떠나가게 하기 위하여 내가 세 번 주께 간구 하였더니
나에게 이르시기를 내 은혜가 네게 족하도다 이는 내 능력이 약한 데
서 온전하여짐이라 하신지라 그러므로 도리어 크게 기뻐함으로 나의
여러 약한 것들에 대하여 자랑하리니 이는 그리스도의 능력이 내게
머물게 하려 함이라 그러므로 내가 그리스도를 위하여 약한 것들과
능욕과 궁핍과 박해와 곤고를 기뻐하노니 이는 내가 약한 그 때에 강
함이라 (고후 12:8-10)

✟ 때론 부족해 보이고 모자라 보이는 나를 위한 기도

✟ 하나님께 드리는 감사기도

11

가나안 사람 시몬

· · ·

극단적이고 열광적이지만 자신의 존재
가치를 느끼지 못하는 열등감

·

민족애의 열망을 주께 바친 제자

이 열둘을 세우셨으니 시몬에게는 베드로란 이름을 더하셨고 또 세베대의 아들

야고보와 야고보의 형제 요한이니 이 둘에게는 보아너게 곧 우레의 아들이란

이름을 더하셨으며 또 안드레와 빌립과 바돌로매와 마태와 도마와 알패오

의 아들 야고보와 및 다대오와 가나나인 시몬이며 또 가룟 유다니 이는 예

수를 판 자더라

마가복음 3:16-19

열두 사도 중에는 잘 알려진 시몬 베드로와 함께, 잘 알려지지 않은 '셀롯 시몬' 혹은 '가나안 사람 시몬'이라는 사람이 있었다. 『성경』에 그 이름이 두 번 밖에 나오지 않는 '가나안 사람 시몬'은 로마제국으로부터 조국인 유대 왕국의 광복을 위해 조직된 비밀결사대인 열심당(셀롯, 열정적인 사람. 누가복음 6:15 참조)의 일원이었다.

당시 유대인들은 강력한 정치적 메시아가 나타나기를 기다렸고, 그 메시아로 인해 이루어질 영광스러운 이스라엘의 지상 왕국을 고대하고 있는 상태였다. 그

기대감은 다양한 형태의 종교 세력으로 발전하는 직접적인 원인이 되었는데 유대사회 내에서 그 종교 세력들의 입지와 영향력은 가히 절대적이었다.

예수가 활동하던 시대에는 바리새파, 사두개파, 에세네파와 더불어 열심당이 있었다. 그중 유대교의 3대 종파 중의 하나인 바리새파(마 12:2; 행 15:5; 빌 3:5)는, 엄격한 율법 준수와 신앙적 모범으로 유대인들에게 큰 신망과 존경을 받았으며, 회당 조직을 통해 전 유대사회에 지대한 영향력을 끼쳤다(마 23:2-7). 뜻은 '분리된 자', '구별된 자'이지만 지나치게 형식과 의무에 치우치고 있어 복음서에 등장할 때 주로 부정적인 역할로 나온다.

율법주의, 형식주의적인 사람들로 구성된 바리새파는 모세의 율법과 장로들의 유전과 전승을 중시하는 종파였다. 그들은 사두개파와는 다르게 부활을 믿는 자들이었다. 바리새파는 형식주의, 율법주의에 치우쳐서 율법의 참의미를 알지 못하고 율법의 문자적인 의미로 사람들을 판단하고 정죄했다. 그 구성원은 서기관들이나 제사장들 그리고 유대 중산계층들로 이뤄졌고, 당대 종파 중 가장 큰 세력을 형성했다. 대표적인 인물로 진리를 찾기 위해 밤에 예수님을 찾아온 니고데모(요 3:1)와 사도 바울의 스승이며, 당대 유대인들의 최고 스승이기도 했던 율법교사 가말리엘(행 5:34; 22:3)이 있다. 사도 바울 역시 회심 전의 자신을 가리켜 바리새인 중의 바리새인으로 자처하였다(빌 3:5).

열심당은 신약 당시 로마제국의 치하에서 독립을 쟁취하기 위한 무장독립단체를 가르킨다. 예수님의 제자 중 한 사람인 시몬 역시 이 단체 일원이었다. 시몬은 셀롯으로도 불렸는데, 이는 아람어에서 유래한 말로서 '열심당원'이란 뜻이다. 셀롯 시몬은 3년 동안이나 예수를 따라다녔으면서도 말씀과 영생, 구원보다는 오직 '어떻게 하면 예수를 통해 조국의 광복을 달성할 수 있을까?'에 관심을 기울였다.

그래서일까? 『신약성경』에는 '가나안 사람 시몬'에 관한 기록이 거의 보이지 않는다. 단지 예수의 열두 제자의 명단을 쓸 때 단 두 번 등장했을 뿐이다. 말 그대로 '침묵의 제자'였던 셈이다. 하지만 열심당의 당원이었다는 점은 그가 특별한 재능이 있었든 없었든 '열광적이며 성급하고 잘 감동했음'을 보여준다.

  아주 열광적인 사람은 하나님을 섬기는 일에 유용하게 쓰일 수도 있다. 그런데 어떻게 열광적이고 성급한 시몬이 온유한 예수께 이끌렸을까? 사실, 시몬은 주에 의하여 변화되었다. 극과 극은 서로 통한다지 않는가. 예수도 대단한 열성을 가지신 분임을 떠올려보라. 당신 자신을 조금도 돌보지 않고 자신의 모든 것을 던져 희생적으로 하나님 아버지의 일을 수행하시지 않았던가. 어느 날에는 격렬한 폭풍우에 시달리던 배에서 주무시기까지 했다. 시몬은 본능적으로 예수께서 자신이 꿈꾸고 있는 것 이상으로 신성한 왕국에 대해 관심을 가지고 계신 분임을 깨달았다.

  시몬이 살았던 시대에는 가난한 자는 아무렇지 않게 강도질을 당하고, 과부는 너무 쉽게 재산을 빼앗겼으며,

가나의 혼인잔치

일꾼들은 낮은 품삯과 세리들에 의한 불법적인 세금에 시달렸다. 유대 백성들이 더 이상 핍박을 받지 않고 살 수 있을 '좋은 시대'에 대해 예수께서 말씀하실 때 시몬도 귀를 기울였다. 시몬은 직접 기적도 봤다. 예수께서 병자를 고치시고, 수천 명을 먹이시며, 물을 포도주로 변화시키시는 사역을 직접 눈으로 본 것이다. 예수께서 귀신을 쫓아내는 것도 봤다. 바리새인들을 통렬하게 꾸짖는 예수의 말씀도 들었다. 예수께서 이방인의 제단을 없애시고 하나님의 성전에서 거래하던 장사치들과 환전상을 쫓아내어 정결케 하시는 것도 목격했다.

그는 당신이 하늘에서 내려온 인자임을 밝히시는 예수의 말씀도 들었다(요한복음 3:13). 유대의 선지자들은 하늘의 인자가 이 땅에 내려와 사악한 무리들을 멸하고 신성한 왕국에서 공의를 펴 영원히 다스린다고 예언했다. 시몬은 자신이 바라는 대로 언젠가 로마군을 팔레스타인에서 몰아낼 혁명을 위한 능력을 가진 개혁자를 예수에게서 발견했다.

마태가 세리로서 로마제국에 팔렸던 사람이라면, 시몬은 로마를 증오한 사람이었다. 시몬은 열렬한 애국자였으나, 마태는 매국노였다. 마태는 한때나마 로마제국의 도구였고, 시몬은 압제자의 적이었다. 그러나 예수께서는 두 사람 사이의 깊은 바다에 다리를 놓으셨다. 개인적 증오심은 예수를 향한 한결같은 사랑으로 극복되었다. 이렇게 복음은 사람들 사이의 모든 불화를 치유해준다. 고양이와 생쥐같은 관계였던 시몬과 마태가 화평하게 지낼 수 있었던 것에서 보듯이, 시몬과 마태의 화해는 복음의 화해 능력을 증명해주는 것이다. 예수께서는 인간과 화해하셨고, 예수의 사랑 가운데에서 인간들은 서로 화목했다.

그러나 뭔가를 열정적으로 추구하는 행위에는 위험이 도사리고 있다. 열정은 이성을 제약하는 경우가 많으며, 진리를 보지 못하게 막는 경우도 적지 않다. 편견이 열정과 결합되면 더욱 깊어진다. 지식이 없는 열광熱狂은 그릇된 교리나 이단을 따르도록 만든다. 열광은 인간의 심리 중 어떤 대상에 강렬한 관심을 보이는 것을 말한다. 그러나 잘못된 열광은 남들이 보기에 사악한 짓을 저지르는데도 '나는 지금 하나님의 일을 하고 있다.' 하고 착각하게 만든다. 열광하는 사람은 다른 것에 대해서는 관심이 없다.

시몬도 예수를 만나기 전까지는 로마 제국에 대항하기 위함이라는 명분으로 파괴 행위를 하면서 '나는 지금 하나님을 기쁘게 해드리고 있다'라고 착각했을 것이다. 마치 이슬람 테러 집단인 ISIS(Islamic State of Iraq and Syria)나 탈레반이 그러하듯이 말이다. 그러나 시몬은 예수를 만난 뒤 자제심을 갖추게 되면서 정화되었고, 바른길을 가게 되었다. 로마제국에 대한 시몬의 증오심은 예수에 의해 사랑으로 변했다.

십자가를 위해 칼을 포기한 시몬은 언제나 예수를 좇았다. 주께서 부활하신 뒤 제자들 앞에 처음 나타나셨을 때 그 자리에 시몬도 있었다. 사람을 변화시키는 주의 능력을 통하여 시몬의 정치적 야심은 온화한 포부로 바뀌면서 부드러워졌다. 호전적인 기질은 전도 활동의 동기가 되었다.

신앙생활의 동기나 의미는 각자 다를 수밖에 없다. 각자가 처한 환경이라든가 갖고 있는 가치관도 다르다. 시몬이 예수를 따르게 된 동기는 조국의 광복이었다. 그런 시몬에게 기회가 찾아왔다. 마지막 순간에 예수께 그것에 대해 청할 기회였다. 예수 그리스도께서 부활하시고 40일 동안 열한 번 나타나셨다가 이제 막 하늘로 승천하시려는 순간이었다. 그때 마지막임을 직감한 시몬은 용기를 내어 예수께 물었다.

"주께서 이스라엘 나라를 회복하심이 이때입니까?"

이 말의 의미는 '우리 민족은 곧 광복합니까?'였다. 이에 대해 주께서는 이렇게 대답하셨다.

때와 시기는 아버지께서 자기의 권한에 두셨으니 너희가 알 바 아니요 오직 성령이 너희에게 임하시면 너희가 권능을 받고 예루살렘과 온 유대와 사마리아와 땅 끝까지 이르러 증인이 되리라 하시니라

사도행전 1:7-8

'네 조국의 광복은 아버지 하나님의 일이니, 너는 신경 쓰지 말라'는 경고의 말씀이었다. 저 말씀에서 '오직'의 의미는 '다른 길이 없다'라는 뜻이다. 즉, '너희가 승리하는 길은 오직 성령이 너희와 함께하시는 것뿐이다'라는 뜻이다.

이 말씀을 들은 뒤 '침묵의 제자'였던 시몬은 사람의 힘, 무기의 힘이 아니라 오직 성령의 힘에만 의지하게 된다. 이제 조국 광복이라는 정치적 꿈보다 주의 사자로서 복음의 증거자가 되겠다는 사람으로 변화되었다.

만약 시몬이 예수를 만나지 못했다면 그는 열심당원으로 남아있었을지도 모른다. 예수를 만나고 나서부터 그는 주님의 나라를 선포하기 위해 온 힘을 쏟았고 예수와 함께하면서 온화한 사람으로 변했다. 증오로 시작한 사람이 사랑으로 당당히 순교자의 길을 걷게 된 것이다. 우리도 세상에 파견된 주님의 사도임을 기억하며 흔들림 없는 내적 평화와 온유를 지켜나갈 수 있도록 필요한 힘과 지혜를 주님께 청하자.

지식이 없는 열성으로 존재의 가치를 느끼지 못하는 열등감

☺ 주님을 위해서 하는 노력은 결코 헛되지 않음을 명심하라.

☺ 무슨 일을 하든지 열성적으로 해야 한다. 하지만 바른
지식에 근거를 두고 하라.

with

✝ 기도를 위한 참고 성구 : 행 21:20 ; 롬 10:2 ; 갈 4:17-18

그들이 듣고 하나님께 영광을 돌리고 바울더러 이르되 형제여 그대도
보는 바에 유대인 중에 믿는 자 수만 명이 있으니 다 율법에 열성을
가진 자라 (행 21:20)

내가 증언하노니 그들이 하나님께 열심이 있으나 올바른 지식을 따른
것이 아니니라 (롬 10:2)

그들이 너희에게 대하여 열심 내는 것은 좋은 뜻이 아니요 오직 너희
를 이간시켜 너희로 그들에게 대하여 열심을 내게 하려 함이라 좋은
일에 대하여 열심으로 사모함을 받음은 내가 너희를 대하였을 때뿐
아니라 언제든지 좋으니라 (갈 4:17-18)

✟ 때론 부족해 보이고 모자라 보이는 나를 위한 기도

✟ 하나님께 드리는 감사기도

12

가룟 유다

·
·
·

돈에 대한 환상을 품었던 노예의 열등감

·

구원받지 못한 제자

제자 중 하나로서 예수를 잡아 줄 가룟 유다가 말하되 이 향유를 어찌하여 삼백 데나리온에 팔아 가난한 자들에게 주지 아니하였느냐 하니 이렇게 말함은 가난한 자들을 생각함이 아니요 그는 도둑이라 돈궤를 맡고 거기 넣는 것을 훔쳐 감이러라

요한복음 12:4-6

『신약성경』에는 세 사람의 유다가 나온다. 예수의 동생 유다, '다대오'라고도 불렸던 유다, 그리고 예수를 팔아넘긴 가롯 유다가 그들이다. '하나님을 찬양한다'라는 의미의 영광스럽고 자랑스러운 이름인 '유다'는 가롯 유다로 말미암아 치욕스러운 이름으로 변해버렸다. 아우슈비츠 학살 수용소의 정문에 수용소 소장이 "노동은 자유를 만든다 (Arbeit Macht Frei)"라고 써 붙인 결과, 독일의 훌륭한 격언이 사람을 기만하는 가증스러운 말로 바뀌었듯이 가롯 유다가 예수를 팔아버린 이후 '유다'라는 이름은 치욕스러운 이름, 부정한 이름으로 통해왔다.

'가룟'은 고대 유대 왕국의 지명이고, '유다'는 '찬양하다'라는 뜻이다. 사도들 중 가룟 유다의 일은 회계, 그러니까 돈을 관리하는 일이었다. 그는 다른 제자들과 달리 전도하거나 이적을 행한 것 같지는 않다. 가룟 유다는 당시 노예의 가격인 은 30냥에 예수를 팔았다. 그러고 나서 양심의 가책을 받아 자신의 행동을 후회하고 (그러나 진실된 회개는 하지 않았다) 받은 은 30냥을 성소에 던진 뒤 자살하였다.

돈 때문에 벌어진 배신 행위인 이 사건은, 돈의 권세가 개입하면서 벌어진 인간 내면의 분열상을 극명하게 보여준다. 사람의 진실성은 돈 앞에서 드러나는 법이다. 그래서 부자가 되겠다는 욕망에 깊이 빠지면 필연적으로 우리의 영혼은 사탄의 검은 권세에 흔들리기 마련이다. 가룟 유다처럼 교회 다니는 사람들 중에도 돈에 대한 잘못된 집착으로 예수를 배신할 수 있음을 가정할 수 있다.

이와 같은 행동을 하는 원인이 무엇일까? 한번 생각해

보자. 상대방이 뭔가 불편하게 생각하고 있다는 것을 인식했다면 그것이 무엇인지 찾아내야 한다. 그렇지만 사람의 행동에는 뚜렷하지 않고 야릇하고 묘한 게 있어서 쉽게 발견하기가 어렵다. 다음의 성경 말씀을 곰곰이 묵상해보자.

> 부자 되기에 애쓰지 말고 네 사사로운 지혜를 버릴지어다
> 네가 어찌 허무한 것에 주목하겠느냐 정녕히 재물은 스스로
> 날개를 내어 하늘을 나는 독수리처럼 날아가리라
>
> 잠언 23:4-5

　가룟 유다를 제대로 이해하려고 한다면 그의 아주 사소한 행동을 살펴봐야 한다. 그런 것들이 어떤 말보다 더 확실한 정보를 제공함으로써 상대방을 더 잘 이해할 수 있기 때문이다. 아무리 사소할지라도 행동에는 그 사람의 본질이 숨어있다. 그러기에 행동의 증가나 강도의 차이를 보고 그 사람의 본질을 알아차릴 수 있는 것이다. 과도한 명예욕이나 돈이나 물질에 대한 지나친 욕심이 있다는 것은 그 사람이 어릴 때 경험한 어떤 일

로 인해 그럴 수도 있다는 걸 짐작할 수 있다. 심리학적으로 접근해보면, 돈에 대한 무의식적인 욕심은 대개 집착을 일으킨 원인이라고 가정할 수 있다.

『신약성경』에는 가룟 유다에 관한 이야기가 많지 않다. 하지만 그 얼마 안 되는 기록과 행적에서 분명히 알 수 있는 것은, 가룟 유다가 일종의 심한 공격적 열등감에 사로잡혀 있다는 것이다. 가룟 유다를 제외한 예수의 제자들은 시골 출신에 거의 한동네 사람들이었지만 가룟 유다는 도시 출신이었다. 그래서 그런지 그는 돈에 대한 관심이 많았다. 가룟 유다가 마태를 비롯한 다른 재능 있는 제자들이 있었는데도 회계를 맡은 것은 그런 이유에서였다.

예수께서는 유다가 돈에 대한 열등감을 가진 사람이라는 사실을 미리 알고 계셨다. 돈이 없으면 지옥이나 다름없는 도시에서 살아가기가 얼마나 어렵겠는가. 그래서 예수께서는 유다가 돈에 대해 한맺힌 열등감을 가지고 있음을 자연스럽게 알 수 있었다.

「요한복음」 12장에는 일곱 귀신들에게 시달렸던 마리아라는 여인이 예수를 찾아와서 자신이 가지고 있는 값비싼 향유가 든 틀을 깨어 예수의 발에 붓는 장면이 나온다. 이 향유는 300데나리온, 그러니까 로마제국이 발행하던 은화로 300냥이나 하는 고가였다. 당시의 사람들은 이런 향유를 패물처럼 재산으로 가지고 있었다. 그런데 이런 고가의 향유를 마리아는 예수의 발에 붓고 자신의 머리털로 예수의 발을 씻겨주었다. 매우 가치 있는 일이었다.

　이런 마리아를 향유를 팔아 가난한 사람들에게 나누어주지 않았다고 비난한 가롯 유다와 마찬가지로, 우리 가운데에는 하나님의 말씀보다도 더 가치 있는 것이 돈이라고 생각하는 사람이 많다. "부자가 하나님의 나라에 들어가기가 어렵다"라는 성경 말씀이 있다. 자신의 돈을 의롭게 사용하려는 사람은, 그 돈이 하나님의 말씀보다 더 가치 있다고 생각해서는 절대로 안 된다.

　마리아는 몸을 팔아서 생계를 유지했다. 일곱 귀신

들에게 시달리기 전에도 사람 취급을 받지 못했던 불쌍한 여인이었다. 마리아가 예수께 발라 드린 향유는 아마도 자신이 쓰고 싶은 걸 참아가며 한 푼 두 푼 아끼고 모아서 사놓은 것이리라. 사람들은 마리아의 이런 행동을 보고 다음과 같이 힐난했다.

"남성들에게 몸 팔아서 번 돈이 아닙니까?"
"세상 사람들에게 손가락질 받으면서 번 돈 아닙니까?"

마리아는 개의치 않았다. 마리아는 힘들고 고통스럽게 번 돈을 예수를 위해서 거룩하게 쓰기로 결심했다. 예수님은 이같이 말씀하셨다.

그를 가만 두어 나의 장례할 날을 위하여 그것을 간직하게 하라 가난한 자들은 항상 너희와 함께 있거니와 나는 항상 있지 아니하리라 하시니라

요한복음 12:7-8

예수의 이 말씀에 따라 열한 명의 사도들은 마리아의

행동에 감동하기 시작했다. 하지만 가룟 유다는 전혀 다른 생각을 하고서 말했다.

　"어째서 이 향유를 팔아서 가난한 자들에게 나누어 주지 않느냐?"

　유다가 마리아에게 이렇게 비난한 이유는 그 돈을 정말로 가난한 사람들을 위해 쓰고 싶었던 것이 아니었다. 그 돈 자체가 탐났기 때문이었다. 내면의 현실을 보여주는 가늠자다.

　가룟 유다처럼 돈에 대한 열등감이 있는 사람은 항상 남을 공격할 때도 돈을 명분으로 삼는다. 가룟 유다는 스승 예수를 은 30냥에 팔아먹는, 보통 사람이라면 상상조차 못 할 일을 과감하게 행동으로 옮긴 인물이다. 오로지 '돈'을 벌 수 있다면 묻지도 따지지도 않는, 요즘 같았으면 청부살인이라도 할 위험한 인물이다. 오로지 돈과 관련된 행동을 하는 '돈의 노예'로 살았던 것을 이를 통해 말해준다.

아기는 배고픔을 달래려고 안간힘을 써가며 엄마 젖을 빤다. 그러다가 엄마 젖이 더 이상 나오지 않으면 큰 소리로 운다. 배고픔의 욕구가 채워지지 않았기 때문이다. 음식을 먹지 못해 허구한 날 굶은 가난한 사람이 잔칫집에 가면 배가 터지도록 먹는다. 아예 뱃속에 그냥 쑤셔넣는다. 먹을 것이 있을 때 먹어두어야 한다는 강박 관념 때문이다. 가룟 유다의 돈에 대한 강박도 그러했다.

그 때에 예수를 판 유다가 그의 정죄됨을 보고 스스로 뉘우쳐 그 은 삼십을 대제사장들과 장로들에게 도로 갖다 주며 이르되 내가 무죄한 피를 팔고 죄를 범하였도다 하니 그들이 이르되 그것이 우리에게 무슨 상관이냐 네가 당하라 하거늘 유다가 은을 성소에 던져 넣고 물러가서 스스로 목매어 죽은지라

마태복음 27:3-5

위에 소개한 성경 구절은, 가룟 유다가 뒤늦게 자신을 신뢰하여 회계 업무까지 맡겨주신 예수를 팔아버린 자신의 참담한 행위를 뉘우치고, 결국 그렇게 소중하게 여기던

유다의 입맞춤

돈을 내동댕이친 뒤 스스로 목매달아 죽었다는 이야기다.

가룟 유다는 돈에 대한 열등감으로 가득찬 자신을 증오하며 스스로 단죄했다. 이처럼 잘못된 열등감은 한 사람의 인생을 망치는 데 그치지 않는다. '예수 십자가에 못 박히심' 같은 엄청나게 파괴적인 사건의 원인이 된다. 특히 가룟 유다처럼 돈으로 모든 것을 해결하려는 사람은, 돈이란 것이 결정적인 순간에 아무것도 아니라는 사실을 깨닫고는 끝없는 자괴감과 괴로움에 고통스레 울부짖으며 죽어가는 짐승처럼 된다. 아우슈비츠에서 살아남은 유대인인 블라덱 슈피겔만도 당시 폴란드의 거부였던 장인이 그 엄청난 재산으로도 당신 자신을 살리지 못하고 고통스럽게 죽어간 사실을 증언했다. 이는 돈이라는 게 아무짝에도 쓸모없는 거라는 사실을 잘 보여주고 있는 사례이다.

거듭 말하지만, 가룟 유다처럼 돈에 대한 열등감을 극복하지 못한 이들은 하나같이 넘어지고 쓰러진다. "저는 예수님을 믿기에 정말 돈이 필요 없습니다"라고 말하는 사람들 역시 마술처럼 움직이는 돈 앞에서는 자유롭지 못하다. 그래서 돈의 권세를, 돈에 대한 열등감을 극복한다는 것은 홀로 이 사회를 떠나 산속에 들어가 자연인으로 살지 않는 한 사실상 불가능하다고 할 수 있다. 돈은 끊임없이 인간들을 나약하게 만든다. 남들과 비교하게 만들고, 그래서 패배감에 빠지고 열등감에 시달리도록 만든다. 결국 가룟 유다처럼 스스로 범죄에 빠뜨리고 목을 매달도록 만든다.

자신을 괴롭히고 멸망시키는 돈에 대한 열등감을 극복하려면 그것을 솔직하게 인정하고 털어놓아야 한다. 열등감의 원인인 '향상의 욕구'를 올바르게 채울 수 있는 조건이 주어지기 때문이다. 큰 냉장고가 있지만, 그속이 뭐가 뭔지 모르는 것들로 가득 차 더 이상 새로운 것을 넣을 수 없다면 어떻게 해야 할까? 가장 쉽고, 가장 현명한 방법은 깨끗이 정리하는 것이다. 냉장고를 열고 그 안에 든 걸 하나둘 꺼내 보라. 생각보다 많은 것들이 먹을 수 없는 것들이다. 그런 것은 과감하게 쓰레기통에 던져버려야 한다.

우리의 마음속도 가룟 유다의 마음처럼 '도저히 먹을 수 없어 쓰레기통에 버려야 하는 것들'로 가득하다. 특히 돈에 대한 열등감이 가득 차 있다면 이미 오래 전에 버렸어야 했다. 버리기가 아까운가? 교회 다닐수록 더 돈에 환장한 사람이라면 돈독이 오르기 전에 빨리 꺼내 버려야 한다.

돈에 대한 열등감은 마음속에서 꺼내어 에너지로 활용하지 않으면 우리 자신을 멸망으로 이끈다. 돈은 아주 주도면밀하게 사람을 지배하고 파괴하며, 돈 버는 일로 죄짓게 되고 시험에 들게 하여 끝내 자신의 영혼까지 파괴하기 때문이다. 우리는 자기 자신에게 돈과 사람, 믿음 중에서 하나를 택할 것을 끊임없이 되묻고 있다. 여기서 돈이 우월성을 갖게 되면 사람과 믿음은 온갖 위협과 유혹 속으로 빠져들어 간다. 맘몬이 내 영적인 믿음의 생명을 잘라버리도록 할 것인지, 그렇게 하지 않을 것인지를 선택해야 한다. 열등감도 그렇다. 버려야 한다.

하나님이 우리에게 준 하나님의 주권을 우리가 믿음

으로 선포할 때, 하나님은 이 세상의 부를 당신과 연결하신다. 그러면서 행동할 것을 요구하신다. 그러한 행동은 신앙 안에서만 가능하다. 사실, 우리는 하나님 나라의 상속자며 그리스도와 공동 상속자다. 그러므로 하나님 나라의 부는 이미 위탁되었다고 할 수 있다. 문제는 하나님께서 이 세상의 재물을 관리하는 능력을 보고 그 부를 맡기신다. 하나님께 충성하는 행실은 어떤 것인가? 돈 문제에 대한 모든 태도와 원리는 청지기의 비유에 언급하고 있다.

하나님이 주관하는 영적인 자유를 누리려면 우리는 돈의 세계에서 벗어나 은혜의 세계를 관통해야 한다. 긴 터널 속에 있는 한 진정한 햇빛은 느낄 수 없다. 진정한 그리스도인이라면 돈의 권세의 터널 속에 머물지 말고 돈의 권세로부터 구원하시는 하나님께 우리 삶을 맡겨야 한다. 그러면 하나님께서 우리를 궁핍하게 내버려 두지 않으신다. 하나님을 믿는다는 것은, 돈의 노예로 살아가고 있는 억압과 불행의 사슬을 끊는 유일한 수단임을 기억하라.

만일 가룟 유다가 베드로처럼 자신의 잘못을 회개하고

용서를 구했더라면 죄 사함의 은혜를 받고 새 삶이 시작되었을지도 모른다. 하지만 가룟 유다는 후회는 했으나 진정으로 회개하지 않고 결국 스스로 목을 매어 자살하고 말았다. 유다처럼 자신의 죄악에 대해 후회하고 자책하는 것만으로는 아무 의미가 없다. 죄를 저질렀을 때 베드로처럼 통회함으로써 하나님께서 주시는 용서의 은혜를 체험하는 우리가 되어야겠다.

돈에 대한 환상을 품었던 노예의 열등감

☺ 믿음의 말은 돈을 빌려주는 것보다 더 쓸모가 있다.

☺ 돈에 대한 콩깍지는 한순간에 벗겨진다.

☺ 돈이 무엇인지를 아는 사람이 진짜 부자다.

☺ 돈은 어디까지나 세상을 살기 위한 수단이지 그 자체가
   목적이 아니다.

(with)

✝ 기도를 위한 참고 성구 : 마 6:19-21 ; 막 10:23-25 ; 딤전 6:10

너희를 위하여 보물을 땅에 쌓아 두지 말라 거기는 좀과 동록이 해하며
도둑이 구멍을 뚫고 도둑질하느니라 오직 너희를 위하여 보물을 하늘에
쌓아 두라 거기는 좀이나 동록이 해하지 못하며 도둑이 구멍을 뚫지도
못하고 도둑질도 못하느니라 네 보물 있는 그 곳에는 네 마음도 있느
니라 (마 6:19-21)

예수께서 둘러 보시고 제자들에게 이르시되 재물이 있는 자는 하나님의
나라에 들어가기가 심히 어렵도다 하시니 제자들이 그 말씀에 놀라는

지라 예수께서 다시 대답하여 이르시되 얘들아 하나님의 나라에 들어

가기가 얼마나 어려운지 낙타가 바늘귀로 나가는 것이 부자가 하나님의

나라에 들어가는 것보다 쉬우니라 하시니 (막 10:23-25)

돈을 사랑함이 일만 악의 뿌리가 되나니 이것을 탐내는 자들은 미혹을

받아 믿음에서 떠나 많은 근심으로써 자기를 찔렀도다 (딤전 6:10)

✟ 돈에 눈먼 나를 위한 기도

....

....

....

....

✟ 하나님께 드리는 감사기도

....

....

....

....

예수의 영광스러운 변모

열등감을 도구로 쓰신 예수

1판 1쇄 인쇄 2023년 2월 15일
1판 1쇄 발행 2023년 2월 20일

지은이 최원호
펴낸이 인창수
편　집 인소영
마케팅 · 영업 기태훈
디자인 동아기획

펴낸곳 태인문화사
신고번호 제2021-000142호
주소 경기도 파주시 탄현면 참매미길 234-14, 1403호
전화 031-943-5736
팩스 031-944-5736
이메일 taeinbooks@naver.com

ISBN 978-89-85817-15-8 (03230)